LER E DIZER
compreensão e comunicação
do texto escrito

Questões da Nossa Época
Volume 52

Dados Internacionais de Catalogação na Publicação (CIP)
(Câmara Brasileira do Livro, SP, Brasil)

Bajard, Élie
 Ler e dizer : compreensão e comunicação do texto escrito / Élie Bajard. – 6. ed. – São Paulo : Cortez, 2014. – (Coleção questões da nossa época ; v. 52).

 Bibliografia
 ISBN 978-85-249-2171-1

 1. Leitura – História 2. Linguística 3. Teatro – História I. Título. II. Série.

13-14056						CDD-410

Índices para catálogo sistemático:
 1. Linguagem escrita : Linguística 410
 2. Linguagem falada : Linguística 410

Élie Bajard

LER E DIZER
compreensão e comunicação do texto escrito

6ª edição

LER E DIZER: compreensão e comunicação do texto escrito
Élie Bajard

Para finalização do texto, o autor contou com a revisão
de Maria Lúcia de Souza Barros Pupo.

Capa: aeroestúdio
Revisão: Maria de Lourdes de Almeida
Composição: Linea Editora Ltda.
Coordenação editorial: Danilo A. Q. Morales

Nenhuma parte desta obra pode ser reproduzida ou duplicada sem autorização
expressa do autor e do editor.

© 1994 by Élie Bajard

Direitos para esta edição
CORTEZ EDITORA
Rua Monte Alegre, 1074 – Perdizes
05014-001 – São Paulo – SP
Tel.: (11) 3864-0111   Fax: (11) 3864-4290
E-mail: cortez@cortezeditora.com.br
www.cortezeditora.com.br

Impresso no Brasil — março de 2014

A todos os meus amigos do Projeto Pró-Leitura

Sumário

Prefácio — A tua voz 9

Introdução 13

1. História da escrita: alguns elementos 19
   1.1 Nascimento da escrita: as duas virtudes do alfabeto 19
   1.2 A leitura em voz alta 34
   1.3 Nascimento da leitura silenciosa 43
   1.4 Confusão terminológica 49

2. História do teatro: algumas facetas 59
   2.1 Uma nova concepção do teatro 59
   2.2 Semiologia do teatro 65
   2.3 Uma outra terminologia 74

3. A voz alta: algumas pistas 81
   3.1 Uma atividade em si mesma 81
   3.2 O dizer informativo 88
   3.3 O dizer teatral 98

Conclusão 115

Bibliografia 123

Prefácio

A tua voz

"Cuide do sentido, e os sons cuidarão de si mesmos."
(da Duquesa para Alice)

Lewis Carroll

Tal como se fosse uma pérola clara — gema rara — Élie Bajard parece contemplar o ato de ler e os meandros de sua aprendizagem com fascinação. E essa fascinação é tanto mais evidente quando Élie trata aquele ato como um exercício de convivialidade. Uma arte — com suas técnicas específicas — de compartilhar significados construídos a partir da leitura. Uma estratégia de aproximação com a vida.

No seu percurso histórico a leitura foi se constituindo em um processo individual de construção de significados. Sua difusão passou a ser orientada exclusivamente por uma concepção individualista do ato de ler. Daí a ênfase no seu caráter íntimo, reservado, solitário. Aprender a ler, nesse sentido, equivaleria a tirar um passaporte para o exílio, obter uma permissão para a autoexclusão do leitor dos espaços públicos, da participação social efetiva, do confronto. Como se o leitor, entorpecido pelo cheiro da tinta impressa no papel, pudesse tornar-se prisioneiro do mais atroz dos labirintos, um deserto onde só se veem signos: sem centro, sem margem, sem fronteiras. Uma ciranda perpétua de textos destituídos daquilo que define a leitura como uma expressão humana: a busca de uma aproximação com a vida. Nesse momento, a leitura passaria a ser um exercício substitutivo da realidade, uma experiência vicária.

O mergulho de Élie Bajard na história da leitura tem o sentido de resgatar o conjunto das práticas orais do texto para que elas, depuradas e regeneradas por uma análise precisa, se constituam numa nova prática coletiva do texto. Desse modo, o autor encontra respostas novas para antigas perguntas da Pedagogia, atribuindo uma função solidária para uma velha rotina de sala de aula, a "leitura em voz alta".

O ponto de vista adotado pelo autor é o da Pedagogia. Contrário à tendência atual de considerar a Pedagogia como um mosaico composto de pensamentos imperfeitos, noções vagas e bizarras, ideias superadas, o autor a toma como um vasto painel de virtualidades, disponível para novas reinvenções. Assim, a lógica da reflexão pedagógica impõe seus próprios parâmetros, desarticulando a lógica particular de cada uma das áreas que alimentam a sua reflexão.

Durante o século de sua existência e atuação, a escola estabeleceu como projeto a generalização da alfabetização. Foi um projeto ambicioso pela amplitude da universalidade pretendida, mas modesto enquanto competência a ser disseminada: propagar um saber na justa medida da sua necessidade. Transmitir uma técnica de uso do texto rudimentar, uma habilidade de sobrevivência para os raros encontros com a escrita que passavam a ocorrer no mundo urbano emergente. A ênfase no oral foi a base do ensino dessa técnica, pois a sua aprendizagem se resumia na construção da passarela entre o oral e o escrito, o que permitia ao alfabetizado transformar as marcas visuais do texto em vibrações sonoras: dos olhos para os ouvidos. Essa concepção trouxe, como consequência, o oral como resíduo, por meio da oralização compulsória do texto: o sentido do texto só poderia ser descoberto através da sonorização. Nesse caso, a leitura era resultante de um oral gradativamente internalizado, que tornava indissolúveis dois usos distintos do texto: a leitura e a leitura em voz alta.

Ora, de acordo com as descrições atuais do comportamento do leitor, a leitura se define como um domínio estritamente visual, gráfico, do sistema da escrita: o escritor escreve para ser lido com os olhos.

Se, para o domínio daquela técnica rudimentar de uso da escrita, a ênfase no oral era a base da aprendizagem, para o domínio da leitura o oral passa a ser um obstáculo. Nesse contexto, qualquer referência ao oral pode provocar calafrios: a leitura pertenceria ao mundo do silêncio, do lance do olhar.

Então, como fica a leitura em voz alta? Qual o fundamento de seu exercício em sala de aula?

É nesse campo minado que Élie Bajard desenvolve seu trabalho. É aí que ele procura desfazer a confusão terminológica e conceitual entre leitura e leitura em voz alta, para caracterizar com precisão a natureza do ato de ler. Élie Bajard nos oferece uma nova perspectiva: a comunicação oral dos sentidos construídos (em silêncio) pelos leitores. Uma aventura intelectual arriscada e instigante. Se questionamos o sentido do som na aprendizagem da leitura, Élie Bajard, através do espelho, mostra seu gratificante reverso: a aprendizagem do som do sentido.

Enquanto escrevia, pude ouvir a tua voz que me seduz. De olhos fechados, buscava imaginar o silêncio destas páginas impressas sendo quebrado pelo som da tua voz. Não o som da letra, mas o som do sentido das palavras. Não o oral desarticulado das sílabas escandidas, mas a fluidez da melodia entoada pela tua boca. Não a fala do texto — esse fantasma simulado de grafia — mas o dizer da voz, do olhar, dos gestos, de uma cena repleta de sentido. Por meio da tua voz translúcida, posso agora ouvir labirintos, punhais, tigres. Meus olhos, que por mil vezes percorreram os arabescos negros grafados nas páginas dos livros, agora cismam sobre a tua presença. De tua boca, a tradução do sentido interposto entre a grafia e a interpretação: esta língua roçando os meus ouvidos.

José Juvêncio Barbosa
São Paulo, 14 de janeiro de 1994

Introdução

O mundo da escrita está hoje em plena mutação. Os meios de comunicação não cessam de se desenvolver e de deslocar as fronteiras que acreditávamos estabelecidas entre o campo do exercício da língua escrita e o da língua oral. Nossas representações e nossas práticas da escrita não são imutáveis, mas sofrem transformações a cada novidade tecnológica. A invenção da escrita alfabética, da imprensa no século XVI e, mais tarde, da pena de metal no século XIX, transformaram a relação dos homens com a escrita.

Hoje, vivemos uma outra mudança tão profunda quanto aquelas. O computador modifica não somente a prática cotidiana de elaboração do texto, mas também os modos de edição e de difusão. O preço do novo material necessário à escrita aumentou consideravelmente. Há pouco, o lápis garantia a todos as mesmas possibilidades. Atualmente, o custo do processamento de texto distribui o poder conferido pela escrita mediante novos critérios. A compra de um computador conectado com uma impressora não está ao alcance de todos, e esse instrumento passa a ser fator de discriminação. Ao mesmo tempo, um equipamento gráfico de pequenas proporções permite, a quem o possui, editar um número suficiente de exemplares, com a qualidade da imprensa tradicional. Assim sendo, a escrita hoje tem um custo mais alto, mas o mesmo não ocorre com sua difusão.

Há décadas a língua escrita vem perdendo terreno em função da concorrência da imagem e do telefone. Este último, em sua expansão nos anos setenta, conquistou um território outrora ocupado exclusivamente pela escrita, o da comunicação a distância. Alguns observadores já haviam feito o prognóstico da morte da língua escrita. No entanto, há cerca de cinco anos começa a se impor um novo meio de comunicação que rivaliza com o telefone: o fax. Hoje em dia é possível comunicar-se a distância imediatamente e por escrito, sem se sujeitar aos prazos impostos pela transmissão postal. A mensagem escrita é conduzida tão rapidamente quanto a mensagem telefônica. Evidentemente, ela é menos flexível e não permite interação imediata.

Por outro lado, o fax não exige a presença do correspondente; uma vez tendo chegado ao escritório durante a noite, sua materialidade permanece à espera do receptor.

Mas um outro aspecto desse invento atrai a atenção de quem se interessa pela rivalidade entre a língua escrita e a língua oral. Por ironia do destino, eis que aparece um novo instrumento que desvia em proveito da escrita uma tecnologia inventada para a comunicação vocal, a ela reservada durante mais de um século: o telefone. Cabe ao usuário fazer uma distinção que até ontem apenas o técnico era capaz de realizar: dissociar o transporte da onda elétrica de sua codificação, já que o impulso elétrico pode ser codificado não somente em ondas sonoras, mas também em signos gráficos. A invenção que inicialmente havia sido identificada ao transporte da voz, diversifica hoje seus serviços, transmitindo a língua escrita.

Como vai se comportar a escola diante dessas modificações tecnológicas? Ela vai se apropriar desses instrumentos, ou, cautelosa, postergar o seu uso por não estar ainda definitivamente ancorado na sociedade? Que práticas de comunicação vamos propor às crianças? Quando elas forem estabelecer contato com outras, poderão escolher os meios? Usarão mecanicamente o telefone ou saberão optar pelo meio mais adequado à situação?

Ora, o problema da relação entre a língua escrita e a língua oral não surgiu recentemente, mas é uma preocupação da humanidade há milênios. Ele está presente através de toda a história da escrita, das origens até nossos dias. Não há portanto nenhuma razão para acreditar que nossa geração poderá lhe dar uma resposta definitiva, uma vez que a invenção de novos instrumentos continuará deslocando sem cessar a fronteira entre os usos da escrita e os da língua oral.

Não é surpreendente que essa problemática apareça no seio da aprendizagem da escrita na escola e em pesquisas universitárias. Há muito tempo o aprendizado da leitura suscita paixões. A querela dos métodos — analítico, sintético ou misto — propunha procedimentos distintos para abordar a combinatória alfabética, no cerne da passagem do oral à escrita.

Uma outra abordagem, interna à língua escrita, visa ao reconhecimento do sistema gráfico como autônomo, sem trânsito obrigatório pelo oral. Tais mudanças de perspectiva intervieram no ensino de línguas estrangeiras. Após um ensino da língua oral centrado na escrita, depois de um ensino da língua escrita realizado a partir do oral, atualmente a abordagem de cada uma se faz de maneira independente. No aprendizado da língua materna escrita, alguns preconizam a entrada direta na sua codificação interna, renunciando ao caminho através da língua oral. Essa prática puramente silenciosa, no entanto, não acarreta o risco de que toda prática oral do texto seja considerada como parasita?

Numerosas pesquisas recentes tentam fazer ressurgir o aspecto oral da língua escrita. Toda a história da leitura no ocidente se confunde com a história da prática oral dos textos. Essa experiência milenar não pode ser negligenciada. As investigações se multiplicam à medida que novas ciências se interessam continuamente por um domínio hoje reconhecido por todos como sendo a chave da escolaridade e, consequentemente, talvez da cidadania. Muitas delas giram em torno da subvocalização da palavra interior e da consciência fônica. O âmago do debate se situa hoje na relação entre a escrita e a comunicação oral. As pesquisas psicolinguísticas, todavia, não são suficientes. Precisamos da sociologia e da etnologia, já que a perpétua transformação da escrita muda nossa relação com o mundo e com os outros. Será que esse debate é exclusivamente técnico? As hipóteses dos pesquisadores não são norteadas por questões mais fundamentais?

As pesquisas vêm acumulando numerosas informações, que, no entanto, não podem ganhar coerência no quadro de uma ciência única. Nenhuma teoria permite hoje integrar a soma dos resultados adquiridos. Ora, o professor se vê diante da tarefa de ensinar, sem poder esperar uma eventual integração desses resultados. Ele deve propor imediatamente às crianças uma abordagem que possa levar em conta, na vida da classe, as informações trazidas pela pesquisa. Não são as lógicas particulares de cada uma das ciências que podem impor sua coerência à prática pedagógica. É essa mesma prática que tenta integrar as informações numerosas, parciais, fragmentadas e por vezes contraditórias, resultantes das pesquisas. Pois, em última análise, é o professor a garantia da coerência da prática da sala de aula.

Esse livro parte da constatação de que a prática oral do texto é um ponto nevrálgico no conjunto das pesquisas e das práticas pedagógicas. O lugar que lhe reservam os defensores de diferentes abordagens é, todavia, insuficiente. Alguns fazem da emissão da voz uma etapa necessária para chegar ao sentido; reduz-se então a emissão vocal à subvocalização e a uma prática individual. Outros pensam que, para proferir o texto, a compreensão é necessária, mas por vezes a reduzem a uma avaliação da leitura: assim como um texto bem dito manifesta uma boa leitura, a dicção serve para avaliá-la. Há também aqueles que fazem da leitura uma prática visual, correndo o risco de rejeitar a prática vocal do texto, ao assimilá-la a uma prática parasita que atrapalha as aprendizagens. Felizmente a história nos mostra o papel desempenhado por essa atividade e alguns pedagogos resgatam hoje sua função social, conforme veremos.

Analisaremos neste trabalho as práticas orais do texto e, entre outras, aquela que recebeu o nome de "leitura em voz alta". Interrogaremos inicialmente a História, observando como a invenção do sistema alfabético, mutação que todos concordam em considerar como um progresso decisivo na história da humanidade, pode ser examinada a partir de dois pontos de vista diferentes. A seguir estudaremos a História da Leitura que, até meados do século XX, se identifica à prática oral do texto, apesar de a leitura silenciosa ter começado a se generalizar já a partir do século XI. Para tanto, faremos referência a obras existentes em língua francesa, uma vez que essa linha de investigação apenas agora começa a se desenvolver no Brasil.

Paralelamente, voltaremos nossa atenção para uma atividade social que sempre teve por vocação a transmissão vocal dos textos: o teatro, arte que tem brincado de esconde-esconde com a instituição escolar e com a Igreja. Nelas, ao longo da história, a teatralização foi mais tolerada do que aceita. E, se na tradição europeia os grandes textos de teatro faziam parte do programa, eram estudados enquanto objetos literários. O teatro, contudo, muito se transformou e o texto hoje passa a ser visto como um elemento articulado a outros, dentro da obra teatral.

Procuraremos compreender essa mutação recente e a nova posição atribuída ao texto no teatro contemporâneo. O deslocamento do impacto do texto na representação pode nos ajudar a vislumbrar a mudança que devemos operar em relação à sua prática vocal. Para isso recorreremos à semiologia do teatro, que explica o encontro do texto com outras linguagens, quando ele passa da página à voz.

Queremos mostrar assim que a prática vocal do texto não pode ser reduzida à "leitura em voz alta". Esse conceito não é mais operatório, de um lado porque cria confusão na noção de leitura e, de outro, porque impede de conferir às práticas vocais do texto toda a relevância que merecem.

Tentaremos enfim propor elementos para uma didática das práticas orais do texto, extraindo da sociedade os modelos de comunicação, quer de caráter informativo, quer de natureza artística. Em didática da língua materna há poucas proposições para ajudar a criança a se apropriar das diferentes linguagens que podem contribuir para a comunicação vocal do texto. Essa ausência não é surpreendente, uma vez que a atividade que corresponde à "voz alta" ainda é, em nossos dias, identificada como "leitura". Apelaremos aos educadores que tem alguma experiência sobre a transmissão vocal do texto, ou seja, os que praticam o jogral, o sarau e o jogo dramático.

1

História da escrita: alguns elementos

1.1 Nascimento da escrita: as duas virtudes do alfabeto

Quando na Mesopotâmia, por volta de 3300 anos antes de Cristo, surgiu entre os sumérios a escrita pictográfica, o traçado das suas unidades mantinha semelhança com o referente que designava. Dois traços paralelos significavam a *amizade*; quando eles se cruzavam, indicavam a *inimizade* (Jean, 1987, p. 17). Inicialmente pictográfico, isto é, semelhante ao referente, o signo passa a perder sua "representatividade" e se torna ideográfico. Em ambos os modos da escrita, o significante está diretamente vinculado ao significado e a ligação que se pode estabelecer entre os significantes da língua escrita e os da língua oral deve passar pelo sentido. Mas uma escrita que exigia milhares de signos estava reservada aos especialistas que necessitavam de muitos anos para aprender a manejá-la. Mais tarde, por razões de economia e de combinatória, esses traçados se distanciaram das formas primitivas, se simplificaram e se tornaram "arbitrários", o que acarretou sua redução. Desse modo, a aprendizagem da escrita foi facilitada.

Uma língua para os olhos

Curiosamente, as *tábulas de Uruk* descobertas no local de um grande templo, hoje no Iraque, são construídas não de textos religiosos ou literários, mas de listas de sacos de grão, de cabeças de gado, estabelecendo a contabilidade do templo. São documentos administrativos. Nessa época, a forma escrita mais disseminada é a lista. Os cuneiformes permitiram aos escribas manter os livros de contas dos templos e palácios.

Observamos que a invenção da escrita ocorreu não para duplicar o oral, mas para completá-lo. Jack Goody mostra como a utilização da escrita permite comunicar de modo diferente da língua oral. A escrita transforma a própria prática da linguagem. Na verdade, ao se dirigir à visão, a escrita lhe oferece as duas dimensões de sua superfície e, nas listas ou nas tabelas, duas entradas. A tirania da sequencialidade da palavra começa a ser derrotada. Cabe, aliás, precisar que o próprio conceito de linearidade, frequentemente apontado como característico da matéria sonora, se vale de uma terminologia espacial. Recorre-se assim a uma metáfora gráfica para explicar um fenômeno vocal.

A palavra oral não é *linear*, ela implica uma *sucessão* e não permite voltar atrás. O que é dito, é dito definitivamente. A linha, forma gráfica que impõe uma direção (no sentido geométrico), propõe pelo menos dois sentidos. O olhar pode deslizar para a frente, frear, voltar atrás. Pode mesmo saltar para outro parágrafo. Infelizmente, o professor, vigilante, proíbe saltar passagens. Assim como ele exige do aluno concentrado atenção ao desenrolar das palavras nos seus lábios, ele também lhe solicita que siga a concatenação das letras do texto, muitas vezes com o dedo colado no fio condutor da linha. O modelo de compreensão da língua oral, que submete o sujeito ao fluxo das palavras, se impõe então à escrita, levando ao esquecimento de sua especificidade. Já que compreender a articulação de um discurso oral exige uma atenção sem trégua ao fluxo das palavras, do mesmo modo o professor considera pertinente impor ao aluno a tirania da linha, privando o olho do leitor de sua habilidade de apreender as duas dimensões da página.

No entanto, a escrita é um objeto com mais de uma dimensão. "Ao arrancar a palavra do tempo pela espacialização, elas [as técnicas tipográficas] fazem da palavra um objeto com duas dimensões de página e três dimensões de volume" (Hagege, 1985, p. 88). Dentro desse universo, o leitor hábil sabe escolher a estratégia de leitura que convém à situação. Não se lê um texto erudito do mesmo modo que uma revista nova numa banca, que dá margem a destacar ou negligenciar passagens, voltar atrás. A escrita, portanto, oferece ao leitor percursos não permitidos ao ouvinte de uma novela radiofônica.

O oral permite apresentar uma hierarquia na sucessão da enunciação, mas apenas uma e não duas — horizontal e vertical — cruzadas. O interesse do esquema, com abscissa e ordenada, é representar simultaneamente duas hierarquias. Isso fica evidente, por exemplo, na árvore genealógica, que possibilita visualizar as relações laterais ao mesmo tempo que as ascendências, o que não é possível na língua falada. Não é por essa razão que os partidários da *gramática gerativa*, ao explicar as relações gramaticais hierarquizadas dissimuladas pela linearidade da frase, recorriam à sua "representação arborescente"? Os linguistas que fazem do oral "o único objeto linguístico" (Saussure, 1960, p. 45), utilizam transcrições fonéticas em suas descrições, demonstrando, assim, a necessidade de recorrer a uma língua diferente da língua falada, não somente enquanto memória, mas como instrumento específico de tratamento da informação. Roland Barthes, ao definir as relações sintagmáticas e paradigmáticas da frase, recorria à metáfora do cardápio. Seu uso não é arbitrário, pois possibilita uma escolha que as palavras do garçom não podem substituir. Ao ter diante dos olhos todas as possibilidades, o comensal pode comparar as diversas soluções: ele lê o sistema inteiro em seu desenrolar (o sintagma) e em suas escolhas possíveis (o paradigma).

A palavra, por sua vez, é fluida. Não se pode, ao mesmo tempo, apreender o fluxo presente e aquilo que ainda vai se desenrolar. Já que as palavras se apresentam em sucessão, deslocamentos de sentido são possibilitados por variações linguísticas frequentemente até imperceptíveis. Inversamente ao olhar, o ouvido não pode perceber concomitantemente dois ou mais termos. A escrita, ao se apresentar em sua totalidade, permite comparar os diversos usos de um mesmo elemento, revelando suas variações. A capacidade do leitor de manter duas proposições sob o mesmo olhar, possibilita-lhe tratá-las simultaneamente e, a partir delas, deduzir logicamente uma terceira. O silogismo, assim como a lógica e a filosofia, nasce da escrita.

Jacques Bertin mostrou como o olhar pode abraçar um considerável número de dados e, a partir da imagem global que constrói, oferecer ao cérebro possibilidades de tratamento instantâneo que o computador não pode realizar de modo tão sintético. "É assim, por exemplo, que o olho vê instantaneamente a diferença de distribuição entre dois mapas feitos cada um com 25 milhões de dados" (1977, p. 181). "Num instante de percepção, o ouvido percebe um som único. Num instante de percepção o olho percebe as relações entre três conjuntos [abscissa, ordenada e elevação]. Nenhum sistema de percepção tem essa propriedade e parece claro que a lógica tenha sido fundada sobre as três dimensões da percepção visual" (idem, p. 179). O texto escrito oferece, portanto, uma imagem que o leitor trata como tal. Atualmente a imprensa, ao confeccionar jornais e cartazes, sabe muito bem apresentar o texto como imagem e distribuí-lo na página, levando em conta tanto sua dimensão icônica quanto sua dimensão linguística.

O alfabeto, passarela entre a escrita e o oral

Mais tarde, a escrita perde seu caráter ideográfico para se tornar fonética. Essa evolução ocorreu paralelamente entre os sumérios e entre os egípcios, sem que, ao que tudo indica, tivesse havido relação de causa e efeito. O mesmo princípio de economia de signos levou à utilização do expediente do rébus. Assim, o recurso ao mesmo ideograma para duas homófonas (*cem* e *sem*, por exemplo) economizava o número de signos. Da mesma forma, para escrever uma palavra como *centelha*, podia-se somar o signo usado para *cem* e o signo referente a *telha*. Nesse caso, com dois signos se escrevem quatro palavras (cem, sem, telha e centelha). O sistema alfabético encontra aqui sua raiz. Seus dois fundamentos estão presentes. De um lado reduz-se o número de signos, uma vez que, em vez de milhares de unidades significativas, utilizam-se sons, unidades em número limitado. Por outro lado, a relação entre a língua escrita e a língua oral não necessita mais passar pelo sentido, mas se instaura diretamente a partir do quadro de correspondências entre significantes escritos e significantes orais. Contudo, nem os sumérios, nem os egípcios levaram essa lógica até o alfabeto. A escrita cuneiforme e os hieróglifos transcreviam palavras ou sílabas. Com efeito, os sons passíveis de serem segmentados através da pronúncia são as sílabas; para identificar os fonemas é preciso uma conceituação que vá além da segmentação promovida pela pronúncia.

Os raros textos literários escritos entre os anos 3000 e 2000 a.C. passam a ser bastante numerosos depois de 1500 a.C. Uma hipótese plausível é que o desenvolvimento da literatura tenha estado ligado à descoberta do princípio silábico. No entanto, essa literatura se desenvolveu numa época em que o sumério tinha deixado de ser uma língua falada, reduzindo-se apenas a uma língua escrita. Isso significa que a relação entre a escrita e o oral tinha enfraquecido ou até mesmo se desfeito.

Antes do Renascimento, transformação semelhante foi sofrida pelo latim. À medida que as línguas vernáculas que posteriormente se tornaram o italiano, o espanhol, o português e o francês, começaram a se estender, o latim passou a ser cada vez menos falado, até se transformar em língua morta. Nessa época, como havia sido o caso do sumério, a escrita não podia ser considerada "como o meio de fornecer à palavra um correlato objetivo, como uma duplicação material do discurso oral" (Goody, 1979, p. 143). Dessa forma, em alguns casos-limite, a escrita pode existir na ausência de qualquer linguagem falada.

Parece, portanto, se operar uma distinção histórica entre a configuração de um código que se torna cada vez mais econômico em figuras[1] e a utilização desse código na recepção. Configuração e utilização podem não ser isomorfas, ou seja, podem ser descritas diferentemente. Fazendo uma analogia com a vida cotidiana, observamos que os números são transcritos pelas máquinas eletrônicas de maneira digital. Relógios, taxímetros, luminosos de elevadores nos apresentam algarismos que são lidos por todos, sem que o público, no entanto, saiba utilizar o conjunto de quatro barras verticais e três horizontais para escrevê-los.

Por outro lado, a economia de figuras foi levada ao extremo pela informática, que só utiliza duas delas (0 e 1) para transcrever todos os signos gráficos. Não é necessário, contudo, conhecer esse código para utilizar um programa de processamento de texto, já que tratamos a informação em outro nível. Uma vez que o nível da oposição binária nos é invisível, ele se torna transparente,[2] permitindo o acesso direto ao alfabeto. A informática, aliás, nos mostra que muitas operações permanecem inacessíveis e que o uso de um programa de computador não requer em absoluto o conhecimento do seu funcionamento. Assim, um meio de comunicação possui vários níveis de códigos encaixados uns nos outros, e os diversos usos desse meio podem não requerer o domínio de todos os códigos que o constituem.

Do ponto de vista da língua, Chomsky destacou que uma criança de doze anos pode efetuar operações que o linguista é incapaz de descrever. É conveniente então distinguir a descrição do código da língua escrita, de sua utili-

---

1. A *figura* é uma unidade do significante que não tem significado correspondente, tal como o fonema e o grafema.

2. O conceito de transparência remete à metáfora do vidro, que é imperceptível à visão.

zação. As relações biunívocas entre os elementos escritos e orais não obrigam a considerar a língua escrita como uma mera duplicação do oral. "A interpretação (leitura) da escrita alfabética, que implica mecanismos cerebrais altamente complexos, não passa necessariamente pelos fonemas representados... Se fosse esse o caso, os surdos-mudos corretamente reeducados só poderiam saber ler palavras que tivessem aprendido a articular. No entanto, eles leem e escrevem muito mais. E quando seus conhecimentos se limitam às palavras que aprenderam a articular, isso se dá em função de uma reeducação malconduzida, fundada na ilusão 'escritofóbica' de que uma relação direta entre palavras escritas e referentes seria impossível" (Hagege, 1985, p. 88).

Foi preciso aguardar no entanto duas outras invenções para se chegar à utilização do alfabeto tal qual o conhecemos. A primeira foi realizada pelos fenícios, que, ao levarem mais longe a economia gráfica realizada pelos sumérios, transcreveram não mais sílabas, mas fonemas. Eles atingiram essa realização auxiliados por dois fenômenos. De um lado, a prática contável da escrita, ao elaborar listas de bens materiais e, portanto, ao classificar palavras, propunha um material gráfico propício à comparação e à análise. Por outro lado, o pequeno número de vogais das línguas semíticas permitiu que os fenícios identificassem e transcrevessem as consoantes. Como estas veiculavam a informação máxima e permitiam uma grande previsibilidade no reconhecimento das palavras, foram os únicos elementos acústicos por eles transcritos, possibilitando economia do número de signos, sem entravar a leitura. Dessa maneira os fenícios tiveram acesso à análise fonológica da língua. A segunda invenção foi realizada pelos gregos, que necessitaram dar forma às vogais, abundantes em sua língua, para preservar a informação por elas veiculada. Eles emprestaram dos fenícios não somente consoantes comuns a ambas as línguas, como também utilizaram as demais consoantes fenícias para transcrever as suas vogais. Tinha nascido a escrita alfabética.

Ao fazer corresponder um signo gráfico a cada fonema, o alfabeto permite o vaivém entre a escrita e o oral. Essa transcodificação é rapidamente adquirida, já que requer apenas a identificação das unidades do oral (35 fonemas) e o conhecimento do conjunto correspondente das unidades da escrita (que podem ser em igual número). A lógica dessa codificação consiste em obter dois conjuntos (escrito e oral) com relações biunívocas; algumas línguas (como o português) se aproximam dessa correspondência, sem que ela se realize plenamente. É essa economia de signos que justifica a aprendizagem pela decifração. Ao dominar o pequeno número de correspondências grafofonéticas é possível, efetivamente, descobrir o oral que se esconde sob a escrita. Como o oral é previamente conhecido, deixa de existir dificuldade de compreensão. Uma escrita ideográfica, por sua vez, necessitaria de uma longa aprendizagem para que se pudesse dominar os milhares de signos que a constituem.

Todos estão de acordo em estimar que uma importante mudança foi experimentada pela escrita quando ela se tornou alfabética. Com efeito, essa invenção possibilitou uma maior difusão das práticas da escrita. "As crescentes simplificações dos sistemas da escrita, ao longo de suas progressivas transformações, tornaram possível e mesmo às vezes efetiva, uma difusão mais ampla da prática da escrita" (Goody, 1979, p. 142). Essa simplicidade da escrita vai permitir que os mercadores fenícios façam fortuna no Mediterrâneo, ao dotar seu pessoal de um eficiente instrumento de gestão, o alfabeto. Ao mesmo tempo que esse meio se generalizava, também se democratizava, escapando ao monopólio dos escribas.

Poder-se-ia então pensar que a invenção do alfabeto, ao fazer cada unidade da escrita depender de uma unidade do oral, submete o primeiro ao segundo, transformando a escrita em fiel servidora da língua oral. O pequeno número de línguas escritas em relação ao conjunto das línguas existentes reforça a ideia de uma escrita contingente no quadro da universalidade do oral. Essa visão de uma escrita sob influência é partilhada por ilustres pensadores. Saussure (1960, p. 45) dizia que: "Língua e escrita são dois sistemas de signos distintos; a única razão de ser do segundo é representar o primeiro; o objeto linguístico não é definido pela combinação da palavra escrita e da palavra falada; esta última constitui sozinha esse objeto".

No entanto, pode-se dizer que, mesmo nas línguas que se valeram de um alfabeto, isto é, cujas relações entre a escrita e o oral se davam em dois níveis, o nível do sentido e o nível fonológico, a língua escrita não era utilizada — como afirmavam os linguistas — apenas como representação do oral. "Nessas fases iniciais da civilização da escrita, ao longo dos primeiros mil e quinhentos anos da história escrita da humanidade, os textos quase sempre apresentam formas bastante diferentes da palavra comum, e mesmo de qualquer palavra" (Goody, 1979, p. 148).

É preciso acrescentar que a escrita alfabética não chega a transcrever todas as particularidades sonoras da língua oral. Inicialmente, nas línguas semíticas, os grafemas só transcreviam as consoantes. As vogais não tinham existência gráfica. O leitor deve portanto identificar as palavras unicamente a partir de sua estrutura consonantal, que por sua vez é impronunciável. Nesse caso a decifração não é suficiente para identificar a palavra; é preciso, ao contrário, reconhecê-la através de outros procedimentos para poder pronunciá-la. Assim mesmo, nas línguas alfabéticas a eficácia da decifração é variável.

Por outro lado, além do fato de que a escrita transcreve o fonema e não sua realização fonética — que pode ser bastante diversificada, complicando frequentemente o reconhecimento do significante sonoro da palavra — é importante enfatizar que ela deixa sem transcrição uma grande parte da entonação, sem a qual não haveria nenhuma compreensão do oral. Para que a entonação seja restituída, deve se efetuar a partir da estruturação gramatical da frase ou do texto. A pontuação dá conta da entonação de modo imperfeito. Ora, "em alguns registros do próprio francês oral, assim como em muitas outras línguas, as articulações sintáticas entre proposições são marcadas por variadas curvas de entonação, verdadeiros morfemas prosódicos" (Hagege, 1985, p. 92). A escrita não é o resultado "de um simples exercício de transcrição" (idem, ibidem). Por isso, Jacques Derrida critica o fonocentrismo de Rousseau e Saussure, "esses dois ilustres 'escritofóbicos'" (idem, p. 94).

Um outro legado, uma segunda articulação

A primeira função da língua escrita, valorizada desde a origem, é sua aptidão para substituir a língua oral em circunstâncias nas quais esta última deixa de ser operacional, em razão da ausência de um interlocutor no espaço ou no tempo. Essa função substitutiva é reforçada pela invenção do alfabeto, que faz de uma o espelho da outra. A língua escrita permite transmitir numa situação diferida o que diriam oralmente os interlocutores na presença um do outro.

No entanto, como havíamos mencionado, J. Goody afirma que o uso literário da escrita se expande no momento em que o sumério já tinha se tornado uma língua morta. Essa escrita "era somente um sistema gráfico e não a combinação entre um código fonológico um código gráfico" (Goody, 1979, p. 147). Esse fato é espantoso. Por que a transformação em direção a uma escrita alfabética ocorreu em um momento em que o sumério tinha se tornado língua morta, ou seja, quando a relação entre a língua oral e a língua escrita já tinha se perdido? Que interesse haveria em ligar a escrita a uma língua oral desaparecida? Se assim for, além de suas qualidades de servidora do oral, a escrita alfabética dissimularia, talvez, uma outra virtude?

Convém explicitar uma segunda característica dessa invenção, mais raramente salientada. O sistema alfabético certamente possibilitou a instauração de um meio eficiente de trocas entre escrita e oral. Contudo, nessa duplicação, a escrita adquiria muito mais do que o reflexo do oral: ela herdava sua eficácia. Como no oral trinta figuras sonoras — os fonemas — podem traduzir todo o léxico, as trinta figuras visuais da escrita — os grafemas — podem traduzir todo o dicionário. O alfabeto foi o meio encontrado pelos antigos para construir um código escrito com duas articulações.[3] O novo código gráfico herdava a funcionalidade de seu modelo oral.

---

3. Segundo Andre Martinet, a linguagem humana se articula em dois planos. No primeiro, *primeira articulação*, o enunciado é constituído de inúmeras unidades dotadas de sentido, os monemas. No segundo plano, *segunda articulação*, o monema é constituído de unidades sem sentido, em número limitado, os fonemas.

A redução do número de signos acarreta muitas consequências interessantes. Sua forma pode ser muito mais tipificada, protegendo os signos de alterações devidas a variantes gráficas individuais. É mais fácil obter traços distintivos diferenciados para trinta signos do que para três mil. Há menos riscos de que as variantes alterem sua identificação. A redução do número de signos gráficos permite reconhecê-los com mais segurança; a digitalização do código é mais precisa.

Alguns códigos recorrem a conjuntos menores de signos. Mas quanto mais reduzido é o número de signos, mais sua combinatória se torna complexa. E assim com a linguagem da informática, baseada no sistema binário, constituindo a maior redução possível do número de signos. O reduzido número de signos utilizado pela escrita alfabética em relação com a ideográfica necessita de uma combinatória complementar, a segunda articulação. Essa organização dos elementos gráficos traduz então distinções que o pequeno número de signos não pode assumir.

Assim sendo, como herança da língua oral, a escrita recebe o precioso equilíbrio atingido pela lenta maturação das línguas naturais através da pré-história, entre o número das figuras acústicas utilizadas — trinta — e o tamanho da codificação das palavras — cinco fonemas em média. Essa codificação resulta de um meio-termo entre o custo do aumento sem fim dos signos das escritas ideográficas e o custo de uma combinatória excessiva imposta por uma codificação binária.

Em relação à duração dos tempos pré-históricos e particularmente em relação ao longo amadurecimento da língua oral, a invenção do alfabeto se deu dentro de um período relativamente curto. Quando a língua escrita passou a imitar a organização da língua oral, o número de signos diminuiu e multiplicou-se o número de leitores e escritores. Desse modo, através de uma aproximação sucessiva ao longo de alguns séculos, a escrita pôde se beneficiar de uma segunda articulação, resultado adquirido pelas línguas naturais no decorrer de milênios.

Assim como um triângulo homotético obtém por transformação as virtudes de um outro triângulo, a transformação alfabética oferece à escrita as capacidades semióticas das línguas naturais. O código gráfico recebe as virtudes do código oral e goza com relação a esse último da mesma autonomia que o oral possui em relação à escrita. A invenção do alfabeto foi capital, não somente porque propõe uma passarela entre o oral e a escrita, mas sobretudo porque provê a escrita da eficácia de uma codificação amadurecida lentamente no curso do desenvolvimento da humanidade.

O código alfabético é frequentemente valorizado pela economia que proporciona à memória. O aprendiz pode se contentar em aprender trinta novos signos, em vez dos milhares utilizados pelas línguas ideográficas. No entanto, essa economia de memória, valiosa na aprendizagem da produção de textos, não seria uma armadilha na aprendizagem da leitura? De toda maneira, não é necessário, afinal de contas, reconhecer as palavras escritas uma a uma em sua codificação ortográfica, ou seja, através do que hoje é chamado de via *direta*?[4] Não é esse mesmo esforço que se solicita no aprendizado de uma língua estrangeira? Querer economizar

---

4. O *reconhecimento* da palavra chamado também *via direta* se realiza sem passar pelo longo processo de *identificação* ou *via indireta*, que se vale da decodificação, etapa a ser ultrapassada.

um tal esforço não é ilegítimo. Mas é necessário avaliar o preço de uma economia imediatista. Assim como o ouvido pode identificar milhares de palavras diferentes que se valem de um pequeno número de fonemas, por que não se poderia, com os olhos, identificar diretamente, isto é, sem transitar pelo oral, milhares de palavras diferentes que se valem de um pequeno número de signos gráficos?

Existem portanto duas visões da escrita alfabética. Pode-se ser sensível sobretudo às relações que ela estabelece entre a língua escrita e a língua oral. Esse foi o caso de Saussure, o fundador da linguística, mais interessado em reconhecer, através dos traços da escrita, as marcas de sua ascendência oral, do que em valorizar suas características intrínsecas na apreensão do mundo. Essa atitude acabou sendo historicamente salutar, porquanto possibilitou a atribuição de um estatuto autônomo para a língua oral. Na medida em que estudos anteriores subordinavam a língua oral à escrita, faziam desaparecer a legitimidade das inúmeras línguas orais não escritas.

Pode-se, ao contrário, ser mais sensível à potência do código escrito herdado da língua oral e à sua autonomia. Com efeito, graças ao alfabeto, a escrita pôde se liberar de uma codificação que exigia uma infinidade de signos, uma vez que era construída sobre a primeira articulação. Elaborado a partir de um código duplamente articulado, o alfabeto só requer um pequeno número de figuras gráficas. Esta eficácia institui a escrita como linguagem autônoma em relação ao oral; ela o transforma em instrumento adaptado à elaboração do pensamento abstrato e à lógica. Assim, se a escrita é filha do oral, alguns preferem louvar os traços do pai presentes na herdeira, enquanto outros só têm olhos para as virtudes próprias à jovem.

Ao longo do tempo, a escrita e o oral estiveram lado a lado. A fronteira entre os dois nunca deixou de se modificar, assim como as representações que deles tiveram os homens. Pode-se dizer que essa relação conflituosa remonta ao nascimento da escrita. Nossas concepções atuais das práticas da escrita, de sua aprendizagem, assim como das orientações seguidas pela pesquisa, são perpassadas, conscientemente ou não, por uma ou outra das duas visões que acabamos de expor.

1.2 A leitura em voz alta

Desde o nascimento do alfabeto, a prática da leitura está fortemente associada à emissão sonora do texto. Esse caráter vocal da leitura está estreitamente relacionado a outros aspectos do uso da escrita, que vão se modificando pouco a pouco, sob a influência das transformações sociais. "A leitura não é um invariante histórico — mesmo nas suas modalidades mais físicas —, mas sim um gesto individual ou coletivo, dependente das formas de sociabilidade, das representações do saber ou do lazer, das concepções da individualidade" (Chartier, 1987, p. 201).

As concepções e os discursos sobre a leitura que podemos observar através da história não se sucedem no tempo de maneira estanque e definitiva; muitos podem coabitar em uma mesma época. Na França, até a década de setenta nos defrontamos com a proeminência do modelo oral de leitura que, tardiamente, ao lado de outras denominações, receberá o nome de "leitura em voz alta". Através de trabalhos de historiadores da leitura, tentaremos identificar as diversas funções que, ao longo do tempo, foram atribuídas a essa sonorização, a essa "passagem à boca" do texto.

A ruminação do texto

Até o século IV o texto é copiado em um rolo, o "volumen". Sua manipulação difícil freia o olhar sobre a linha, impedindo-o de saltar para a frente, como ocorre no espaço da página. A velocidade do olhar, reduzida pelo suporte, se torna assim adaptada à lentidão do movimento dos lábios, já que nessa época a pronúncia era incluída na maneira de ler. "A leitura silenciosa era anomalia tal que Santo Agostinho (*Confissões*, 5,3) considera o hábito de Ambrósio coisa muita rara: 'Mas quando ele lia seus olhos deslizavam pelas páginas e seu coração procurava o sentido, mas a voz e a língua ficavam em repouso'. Visitantes vinham contemplar este prodígio..." (Moses Hadas, In: McLuhan, 1972, p. 28).

Antes de Gutenberg o livro é manuscrito e não pode ser multiplicado. O pequeno número de livros em circulação favorece uma prática lenta da leitura. O livro é um objeto raro e precioso que reúne somente textos importantes, isto é, nessa época, sagrados. A leitura tem, portanto, frequentemente, um caráter religioso.

Além do mais, os textos sagrados não podem revelar de imediato seu mistério. Alguns, aliás, são em latim, língua não mais usada há muito tempo. A compreensão desses textos supõe um trabalho; inicialmente eles devem ser "vocalizados", memorizados e depois retomados inúmeras vezes para serem entendidos. Guardados na memória, depositários de seu sentido, tais textos só se deixarão revelar à medida que sua emissão vocal puder dissolver as dificuldades de compreensão, não somente de ordem linguística, mas também de ordem espiritual. Seu entendimento pode ser assim progressivamente atingido. Mas é preciso oralizar para compreender.

Pouco importa que esse entendimento se dê imediatamente ou mais tarde; o que interessa é saber armazenar os textos na memória. Sagrados, eles constituem provisões para o futuro, um viático para a vida, e só exprimirão sua essência após longa ruminação. "Por isso a leitura e a meditação são às vezes designadas por essa palavra — tão expressiva — de *ruminatio*; por exemplo, elogiando um monge que rezava sem parar, Pedro o Venerável pode escrever: 'sem repouso, a sua boca ruminava as palavras sagradas'" (Dom Jean Leclerq, In: Marshall, 1972, p. 172).

Essa maneira de ler "paciente, assídua, feita de impregnação e de retomadas é precisamente aquela que se emprega no catecismo" (Chartier e Hebrard, 1989, p. 55). Ela perdura até o século XX, uma vez que é preconizada em 1911 pelo padre Bethleem, que dedicou toda sua vida à crítica literária dos textos para os jovens. "Um primeiro princípio é convencer o leitor a fazer de suas limitadas capacidades de leitura não o signo de sua impotência, mas a marca de sua determinação espiritual: 'A renúncia é a síntese de todos os deveres do cristão'" (idem, p. 53). Não compreender é portanto demonstrar humildade diante do mistério.

Adequação dos métodos

Nesse modelo a aprendizagem da leitura está portanto completamente traçada. É preciso aprender a transformar signos escritos em signos orais, memorizar a forma oral obtida, repetir inúmeras vezes o texto para exprimir seu sentido. Nesse caso há adequação entre os métodos de aprendizagem e o conceito de leitura. Os métodos da leitura são baseados nos abecedários que oferecem as chaves da correspondência entre a escrita e o oral. O procedimento consiste em passar do escrito ao oral e vice-versa, com a ajuda de um quadro de correspondências entre as letras e os sons. É o que se chama decifração. Trata-se de transformar cada elemento da escrita em elemento do oral, da esquerda para a direita e na ordem.

Em 1855, na França, "Fortoul, o primeiro dos ministros da Instrução Pública, propõe pela primeira vez um verdadeiro programa para essas classes que recebem crianças de 2 a 7 anos, detalhando minuciosamente suas etapas e seus limites: vogais, consoantes, alfabeto maiúsculo, acentos, sílabas de duas ou três letras, palavras de duas sílabas. É a própria estrutura dos métodos de leitura do Antigo Regime" (idem, p. 183). Para ler bem é preciso decifrar bem. A compreensão não faz parte, portanto, do ato de leitura propriamente dito; ela ocorre depois desse lento trabalho de transposição dos signos escritos em signos vocais.

Nesse esquema só aparece um tipo de emissão vocal, produzido pela decifração, que vai progressivamente se revestir de sentido a cada vez que passa pela boca. Assim como se espreme uma fruta para extrair seu suco, a atividade bucal permite extrair o sentido. A *voz alta* liberada pela decifração se torna necessária à *leitura;* precedendo a compreensão, ela permite o surgimento do sentido.

Uma atividade para os outros

Paralelamente a essa vocalização ruminante que permite extrair a essência do texto, existe o uso "convivial" da "voz alta". Nesse caso, não se "lê" somente para si, mas se "lê" para o outro. Desde o início da escrita, se pode observar a prática que consiste em comunicar oralmente um texto escrito para uma pessoa que não sabe ler, ou não pode mais fazê-lo.

No mundo católico, a interpretação da *Bíblia* diz respeito ao poder eclesiástico; qualquer explicação pessoal está excluída. O padre é o mediador obrigatório entre o Livro e os fiéis. Quando estes são analfabetos o papel de intérprete se materializa na voz do padre, necessária à transmissão dos textos sagrados. A prática oral se enraíza assim em uma visão unívoca e teocrática do texto. Torna-se então lógico dissociar, nas escolas, a aprendizagem da leitura da aprendizagem da escrita. A leitura permite a recepção dos preceitos divinos, enquanto a liberdade de escrever faz correr o risco de questioná-los.

Até o final do século XVIII, a leitura é antes de mais nada uma atividade que se realiza na "escuta dos livros lidos e relidos em voz alta no seio da família, [na] memorização de textos ouvidos, decifráveis porque já conhecidos, ou [na] recitação daqueles que foram aprendidos de cor" (R. Chartier, 1987, p. 201). Nas sociedades não alfabetizadas o texto é transmitido pela mediação de um leitor público. Assim, na Europa no século XVIII, o cartaz afixado na cidade exige "a mediação de um leitor em voz alta para aqueles que sabem ler pouco ou mal" (idem, p. 206). Na Espanha, por exemplo, os textos escritos eram divulgados oralmente através de uma associação de cegos que decoravam os textos. A função de transmissão era, nesse caso, completamente independente da leitura (Botrel, 1974). A literatura de cordel no Brasil ainda hoje é dessa forma popularizada pelo mediador. "Em todas as feiras regionais espalhadas pelo interior... encontram-se os folhetos de cordel expostos à venda 'a cavalo' num barbante... O comprador, que em geral nem sabe ler, vai chegando, hesita, manuseia o livrinho... Por isso, forma uma roda com outras pessoas em torno do vendedor, o qual lê a história com a habilidade de todo camelô de feira" (Meyer, 1980). Essa atividade, tema do filme *Uma leitora bem particular* (de Michel Deville, França, 1988), é ainda hoje praticada para os deficientes e enfermos.

No entanto, essa comunicação para os outros pressupõe a compreensão. Nas Instruções para o Ensino Especial de 1865, Victor Duruy (In: Chartier e Hebrard, 1989, p. 186) explica: "É infinitamente útil durante o curso comum da vida saber ler alto, com inteligência, clareza e gosto" e ainda "Só se lê bem aquilo que se entendeu bem". Pode-se notar aqui a polissemia do verbo "ler", pois, se ler consiste em compreender, a afirmação é tautológica. Para eliminar a ambiguidade, seria preciso parafrasear: "Só se profere bem aquilo que se entendeu bem".

Essa atividade em voz alta é exercida com talento nos salões mundanos pelo escritor-acadêmico Ernest Legouvé (idem, p. 188), que se torna seu ardente propagandista. Para ele a voz alta constitui uma verdadeira leitura crítica: "A leitura em voz alta nos proporciona um poder de análise que a leitura muda nunca conhece". Ele chega mesmo a impor essa atividade nos programas escolares editados por Jules Ferry em 1882, sob o título *Pequeno tratado de leitura em voz alta para uso das escolas primárias*. Essa leitura "convivial" se populariza. Em torno de 1900, a administração francesa tenta instaurar nas cidades as "sessões de leitura pública". Trata-se de estender a um público mais amplo uma atividade que os professores deviam praticar em suas classes. Ela é recomendada para a escola elementar. "O professor consegue promover o gosto pelos livros, efetuando, ele mesmo, de vez em quando, para toda a classe, uma pequena sessão de leitura" (idem, p. 259).

Do mesmo modo, os professores são convidados a organizar serões para as pessoas da cidade que não possuem meios para ler sozinhas. Aquele que sabe ler deve partilhar os frutos da leitura. Para Ferdinand Buisson,[5] "Não sabe ler aquele que não faz amar o livro que ele ama, aquele que só lê baixo para si mesmo, depressa; ele acredita ser mais rápido; ele devora sim, mas ele não digere. É a leitura em comum que obriga a apreciar, a degustar o que se lê" (Chartier e Hebrard, 1989, p. 261).

Da boa pronúncia

A "leitura em voz alta" tem também uma outra responsabilidade. Antes do século XX a França ainda não está

---

5. Ferdinand Buisson (1841-1932) foi um pedagogo e político francês, colaborador de Jules Ferry na organização do ensino primário público. Durante o Caso Dreyfus, foi um dos fundadores da Liga de Direitos Humanos, tendo obtido o Prêmio Nobel da Paz em 1927.

linguisticamente unificada e em muitas províncias se falam dialetos. Ensinando uma única língua, a escola pode assumir o papel de cimento da unidade nacional. É preciso então que o francês suplante em toda parte as línguas locais. Longe de serem vistas como uma riqueza linguística, essas últimas são consideradas perigosas para a unidade da nação. Proíbe-se usar as línguas locais na escola e as crianças que o fazem são punidas. Para algumas delas, o francês é uma verdadeira língua estrangeira. Apenas a "leitura em voz alta" pode permitir às crianças adquirir a língua francesa em sua dimensão fonética, ou seja, naquilo que é comumente chamado de boa pronúncia. Uma leitura silenciosa que se contentasse em oferecer o sentido do texto, sem corrigir a pronúncia defeituosa seria imperfeita. Assim, a "leitura em voz alta" contribui para fazer desaparecer o "cheiro da terra" da língua (Chartier e Hebrard, 1989, p. 262). "Um esforço gigantesco é solicitado para neutralizar os sotaques locais e inventar uma elocução 'francesa', ou seja, nacional e não mais regional" (idem, p. 190).

O procedimento

Como articular essa "leitura convivial" com a leitura-ruminação? Ela pode ser encarada como ponto de chegada da concepção precedente. As sucessivas ruminações do texto, com efeito, permitem ao leitor dominá-lo suficientemente para partilhá-lo com um auditório. O que se salienta, no entanto, é a necessidade de fazer passar o texto pela boca (é o sentido etimológico do verbo oralizar), para que ele seja compreendido primeiro pelo leitor e depois pelo ouvinte.

É essa "leitura em voz alta" que nas Instruções Oficiais francesas de 1923 se torna leitura expressiva. Através dessas Instruções, as etapas de aprendizagem da leitura são fixadas e passam a vigorar durante décadas, até os anos setenta. Inicialmente distingue-se a aquisição dos mecanismos; trata-se de transformar signos escritos em sons, é a *decifração*. Segundo a época, a ela serão consagrados um ano ou três meses. Em seguida, vem a leitura *corrente* — para crianças de 8 e 9 anos —, emissão sonora que, ao se acelerar, se impregna de sentido. Vem enfim a leitura *expressiva*, na qual "o escolar prova, por sua maneira de ler, que compreende o que lê, pois sua dicção exprime a ideia do trecho" (idem, p. 204). Essa concepção escolar da leitura expressiva coincide com a "leitura em voz alta" preconizada por Legouvé no século anterior.

Nessa concepção de leitura expressiva que exige a compreensão do texto, a emissão vocal não pode ser confundida com aquela produzida pela transformação de letras em sons. A leitura expressiva pressupõe a compreensão. A decifração e a leitura em voz alta, no entanto, não são duas emissões sonoras de natureza distinta; a segunda é o aperfeiçoamento da primeira. Essa representação da leitura tem a vantagem de ser coerente com a visão de uma aprendizagem em três etapas: a emissão sonora inicialmente mecânica (decifração), se impregna pouco a pouco de sentido ao longo de suas inúmeras retomadas (leitura corrente), para dar acesso, enfim, à verdadeira leitura (leitura expressiva).

1.3 Nascimento da leitura silenciosa

Uma sequência de transformações vai pouco a pouco, ao longo da história, modificando os comportamentos do leitor e as características que acompanhavam e justificavam a "leitura em voz alta". No trabalho dos historiadores podemos destacar algumas dessas transformações.

Mudança na maneira de ler

Há no século IV a invenção do "Codex", formado de folhas costuradas entre si pela borda, que podem ser viradas. Ele permite que o olho percorra o texto com maior liberdade.

O nascimento da imprensa no século XVI, porém, provoca mudanças mais profundas. De um lado, o livro se multiplica, oferecendo mais textos à avidez do leitor. Por outro lado, a *Bíblia* — primeiro livro impresso — se dissemina ao mesmo tempo que a Reforma. De fato, no universo protestante, a interpretação do texto bíblico depende unicamente da liberdade individual do fiel, prescindindo de uma autoridade que autentique a compreensão, como no mundo católico. A leitura começa a se tornar um encontro individual com o texto, e o caráter coletivo da transmissão vocal deixa de ser hegemônico. Essa dimensão pessoal do ato de leitura será reforçada durante o Século das Luzes. Os filósofos reivindicam a liberdade individual e questionam a pretensão da Igreja de governar as consciências. O desenvolvimento da ideia de indivíduo traz como corolário a mudança da relação com o livro.

Já a partir do século XVII, a Inglaterra, a França e a Espanha assistem à multiplicação das publicações de pequenos livros de ampla circulação, destinados, em sua maior parte, a um público popular. Além disso, o século XVIII na Europa presencia o aumento do número de bibliotecas. Esse crescimento da quantidade de textos à disposição do leitor estimula um novo modo de leitura que "devora as novidades" (Chartier, 1987, p. 203) e ameaça a qualidade tradicional da leitura, valorizada como sendo aprofundada. "É contra uma tal maneira de ler, frívola e gratuita, que tomam partido Rousseau na França ou os pré-românticos na Alemanha" (idem, ibid.).

À medida que a alfabetização se desenvolve com a urbanização, o recurso a um mediador para ter acesso ao significado torna-se menos necessário e a prática coletiva do texto, menos tirânica. No final do século XVIII (Jean, 1987, p. 113-115), a invenção da pena de metal possibilita ao professor trabalhar a escrita em uma classe de 40 crianças, tarefa inviável com o emprego da pena de ganso, que exigia do docente muito tempo para ser afilada. A criança pode agora aprender a escrever simultaneamente à aprendizagem da leitura. Ao liberar a expressão, esse invento possibilita ao aprendiz ter um novo poder sobre o texto.

Ferdinand Buisson, defensor da escola pública francesa, menciona uma leitura "baixa" e "depressa" que parece possuir as características de uma leitura silenciosa. Mas, na época, essa atividade não pôde ser considerada acabada. A leitura do jornal, rápida, ávida, ainda é vista como fútil. "Essa leitura silenciosa, rápida, não é eficaz, ela pode até se tornar um obstáculo à compreensão" (Chartier e Hebrard, 1989, p. 261): ela possibilita apenas aproximar o sentido do texto.

A leitura silenciosa é uma atividade então bastante atacada. No início do século XX, o padre Bethleem, retomando as restrições de Rousseau, a combate tenazmente. Ele preconiza releituras lentas sempre dos mesmos textos já familiares, recusando leituras amenas ou informativas, efetuadas através de uma multiplicidade de textos percorridos com avidez. A "leitura em voz alta", protegida dos excessos da rapidez e portanto da superficialidade, é, para ele, uma garantia de leitura profunda. Assim, o que preocupa os defensores de uma boa "leitura em voz alta", não é somente o risco de permanecer na combinatória sem progredir na compreensão, mas também o de se deixar levar por uma leitura que conduz o leitor à futilidade.

Desse modo, desde o século XVIII já é possível distinguir nos textos duas maneiras de ler. Uma, em voz alta, lenta, profundamente compreendida, partilhada, é o modelo de leitura, aquele que se deve ensinar. A outra, muda, ávida, individual, é uma leitura *superficial*.

Vozes discordantes, todavia, se levantam aqui e ali. Um inspetor primário, no ano de 1831,[6] pedia aos professores que distinguissem vários objetivos na leitura. De um lado, permitir à criança o acesso ao sentido, o que ele considerava como objetivo principal, sem se preocupar com a pronúncia. Para ele a leitura residia nesse aspecto. Por outro lado, se esse fosse o desejo e se os meios existissem, poder-se-ia, numa segunda fase, corrigir a pronúncia. A primeira atividade separada da emissão sonora pode já ser considerada como uma manifestação daquilo que mais tarde será chamado de leitura silenciosa. Tal metodologia

---

6. *Actes de Lecture*, n. 37, p. 49, mar. 1992.

proposta aos professores da zona rural assume o risco de questionar a prioridade dada à "leitura em voz alta"; subversiva ela vai contra a tradição; premonitória, ela anuncia um conceito contemporâneo das atividades de leitura que só aparecerá no final do século seguinte.

Duas modalidades de leitura

A prática da leitura silenciosa, já utilizada por Santo Ambrósio, precede portanto sua conceituação. Trata-se de fato surpreendente? Mas quando ela aparece de modo realmente significativo? É mais fácil determinar a data do seu reconhecimento institucional do que a data do nascimento. Em 1938 "o ministério francês confirma a introdução da leitura silenciosa nas classes de final de estudos"[7] (idem, p. 205). A partir desse momento estamos diante de duas atividades que reivindicam igualmente o rótulo de leitura.

Inicialmente a leitura silenciosa é identificada para ser denunciada, mais tarde ela passa a ser tolerada. Progressivamente ela conquista seu lugar no campo pedagógico, até ser consagrada nas Instruções Oficiais francesas de 1972. "Saber ler é: praticar natural e eficientemente a leitura silenciosa, ou seja, a verdadeira leitura, o que possibilita compreender o sentido sem se deter na silabação".[8] Tudo indica que estamos no final de uma evolução histórica que pouco a pouco permitiu o reconhecimento de duas práticas:

---

7. Classe de final de estudo correspondia, na época, à última série do curso primário, composto de 7 anos.

8. Referência às Instruções Oficiais de 1972 citada em *Contenus de formation à l'école elémentaire cycle moyen*. Paris: CNDP, 1980.

"ler em voz alta e ler silenciosamente são duas modalidades" (M. E. N. C., 1992, p. 67) de leitura cujo domínio a escola deve proporcionar.

O debate, no entanto, não está encerrado, uma vez que essa leitura silenciosa, que é a do leitor adulto, à qual é preciso se ter acesso, não ocupa a mesma posição nas diferentes teorias da leitura. Para alguns, a leitura silenciosa é uma leitura "oralizada" tão dominada, que passa a ser interiorizada. Fala-se então em "voz interior", "subvocalização" etc. Essa concepção é compatível com a aprendizagem em três etapas: *decifração — leitura corrente — leitura expressiva*. Seria suficiente acrescentar uma quarta: leitura silenciosa. Algumas práticas de leitura parecem se filiar a essa concepção. Em determinadas aulas de leitura silenciosa em classes brasileiras, solicitava-se às crianças que, com as mãos em torno do pescoço, observassem, a fim de eliminá-las, as vibrações das cordas vocais.[9]

Para outros, a leitura silenciosa é uma atividade que precede a leitura em voz alta. Nessa concepção, ela é uma atividade processadora de sentido, sem emissão sonora, necessária à "leitura em voz alta". Os autores do *Discours sur la lecture* enfatizam que as elites no século XX "não fazem da leitura oralizada uma etapa que precede a leitura silenciosa e não confundem jamais leitura em voz alta e leitura infantil, hesitante e fragmentada em sílabas" (Chartier e Hebrard, 1989, p. 261). Eles identificam então duas emissões sonoras distintas. A primeira é "a etapa que precede a leitura silenciosa... infantil, hesitante e fragmentada em sílabas". A outra, lida com o sentido, é a "leitura em voz alta" ou ex-

---

9. Fato relatado por José Juvêncio Barbosa, em conferência do Pró-Leitura, em Brasília, 1992.

pressiva. Desse modo eles fazem da atividade silenciosa, vista anteriormente como insuficiente, superficial, comprometedora da leitura, uma etapa para chegar à leitura em voz alta. Mas então, do ponto de vista teórico e na prática pedagógica, como conciliar a aprendizagem em três etapas com um tal esquema que prevê sucessivamente uma emissão vocal (a decifração) precedendo a leitura silenciosa, e uma outra emissão vocal (a leitura expressiva) que lhe sucede?

A emissão vocal está hoje no centro do debate sobre a leitura, mas pode-se dizer que, da decifração à leitura expressiva, a compreensão sofreu uma reviravolta em relação à emissão sonora: se outrora era considerado imprescindível emitir som para entender, mais tarde passou a ser necessário entender para transmitir som. De um lado, essa inversão da posição ocupada pelo sentido e, de outro, a tomada de consciência da existência de uma atividade silenciosa autônoma de leitura, impedem que a "leitura em voz alta" seja considerada como um aperfeiçoamento da decifração e contradizem a aprendizagem em três etapas.

O conceito de dupla modalidade de leitura, apresentado no texto de 1992, acaba caracterizando a leitura silenciosa como uma atividade em si mesma. Ela deixa de ser aquela leitura imperfeita que teria obrigatoriamente como finalidade a "leitura em voz alta". É a leitura propriamente dita; onde há compreensão, há leitura. "Na leitura corrente, a compreensão precede a enunciação mental ou sonora" (I. O., In: Chartier e Hebrard, 1989, p. 219). A leitura silenciosa "não intimida o jovem leitor. Ela é espontânea e de uso constante para quem sabe ler. Ela permite uma iniciação às técnicas da leitura rápida tão necessária em nossos dias" (idem, ibidem).

Os autores do *Discours sur la lecture* destacam: "o exercício padrão da pedagogia da leitura, a leitura em voz alta, sofre suas primeiras críticas... A leitura corrente em voz alta, chave do sistema pedagógico tradicional, objetivo último dos métodos do Antigo Regime, meio essencial para conseguir a compreensão e a sua expressão desde o fim do século XIX, é agora concebida como uma técnica difícil e não se pode garantir a todas as crianças que chegarão a adquiri-la ao final da escolaridade elementar. Em função disso, ela não aparece mais como essencial ao ato de ler... O verdadeiro objetivo é a aquisição da leitura silenciosa" (Chartier e Hebrard, 1989, p. 218-221). Assim, não só a leitura silenciosa adquire um papel reconhecido como também toma o lugar da "leitura em voz alta" como objetivo da aprendizagem.

Enfim, na década de setenta, posteriormente à divulgação da teoria ideovisual da leitura, da qual Smith nos Estados Unidos e Foucambert na França são os autores mais conhecidos, a atividade silenciosa vai reivindicar a prerrogativa de ser o único modelo de leitura. A decifração se torna parasita; em função disso, toda e qualquer prática sonora do texto é encarada com desconfiança, o que contribui, em algumas salas de aula, para expulsar a "leitura em voz alta". A hegemonia da leitura silenciosa passa a substituir a antiga hegemonia da "leitura em voz alta".

1.4 Confusão terminológica

Uma das consequências dessa lenta evolução histórica é a ausência de clareza da terminologia no campo pedagógico e no campo da pesquisa. Vejamos alguns exemplos.

Nas recomendações ministeriais francesas de 1992, podemos destacar:

a) "A rememoração imediata ou diferida de um texto *lido* previamente pelo adulto" (M. E. N. C., 1992, p. 37).
b) "Seguir com o dedo um texto que é ao mesmo tempo *oralizado* pelo professor" (idem, p. 41).
c) "Parar no meio de uma *leitura em voz alta* para manifestar uma hesitação... (idem, p. 104)".

Essas três citações se referem à mesma atividade, a proferição do texto. No entanto, utilizam-se três significantes diferentes: *lido-oralizado-leitura em voz alta*.

Outro exemplo:

d) "A tradição escolar opôs assim a criança que 'decifra' (cuja *leitura em voz alta* é hesitante, aos trancos, parcelada em sílabas) àquela que atingiu a leitura 'corrente' (na *oralização* todas as palavras são rápida e corretamente enunciadas em seguida)" (idem, p. 135).

Em *d*, *leitura em voz alta* diz respeito à decifração e *oralização* ao que é designado em *a* por *lido*, em *b* por *oralizado* e em *c* por *leitura em voz alta*. Assim o termo "leitura em voz alta" muda de sentido.[10]

Naturalmente o contexto permite eliminar a ambiguidade e é o que fizemos, mas um discurso pedagógico tão

---

10. Dentro das citações destacamos termos em itálico, para melhor compará-los.

confuso não ganharia clareza com uma terminologia mais precisa?

Ao proceder a um levantamento sobre as representações de crianças, Emilia Ferreiro, através de uma pesquisa minuciosa, tenta distinguir o que elas entendem por leitura com voz/leitura sem voz, palavra/leitura, escutado/desenhado, contado/lido, etc... (Ferreiro e Teberosky, 1985, p. 156-179). De um lado a terminologia infantil é levantada e analisada e, de outro, a terminologia usada pelos pesquisadores da leitura permanece imprecisa.

Uma metalinguagem mínima

Ao contrário do que se poderia crer, esse aspecto não é insignificante. Com efeito, se toda aprendizagem necessita reflexão, se um bom domínio das operações cognitivas necessita sua explicitação, é portanto importante dispor de uma metalinguagem mínima.

Algumas pesquisas investigam essa metalinguagem básica.[11] Trata-se de conceitos como *frase*, *palavra*, *sílaba*, *fonema*, *letra*, que as crianças precisam dominar. Entretanto, "a unidade fonema que está na base do sistema de transcrição de nossa língua é uma unidade abstrata, difícil de isolar" (M. E. N. C., 1992, p. 136). Foi preciso, efetivamente, esperar o século XX para que a ciência linguística construísse esse conceito. Lembremos que adultos têm dificuldade para identificar certos fonemas. Em francês, por exemplo, a pa-

---

11. Cf. tese em preparação de Fabienne Lallemment, sob a direção de Jacques Fijalkow.

lavra escrita *oiseau* é pronunciada [wazo]. Certos locutores franceses de bom nível cultural não percebem que a sílaba que contém o fonema [a] se escreve com a letra /o/, enquanto aquela que contém o fonema [o] se escreve com a letra /a/. Em relação à terminologia metalinguística, o professor deve manter uma atitude de bom senso, selecionando dentre os conceitos provenientes da ciência linguística apenas aqueles que apresentarem algum interesse pedagógico.

Assim sendo, parece-nos contraditório que se possa exigir de crianças tão pequenas uma análise sofisticada (noção de fonema), e de outro lado conservar uma terminologia imprecisa para as próprias práticas da escrita: designar atividades distintas pela mesma palavra (ler), ou recorrer a palavras diferentes (decifrar, oralizar, ler) para designar uma mesma atividade. É preciso, antes de mais nada, reformular a terminologia utilizada para designar as diversas práticas da escrita. Nem a didática nem a pesquisa podem utilizar hoje termos tão polissêmicos. Identificar as práticas supõe que elas sejam designadas sem ambiguidade, o que requer um vocabulário preciso. Esse é o preço necessário para que se possa, a partir do texto escrito, distinguir uma atividade individual e silenciosa, de uma situação de comunicação, atividade social.

Uma teoria subjacente

Quando as recomendações ministeriais de 1992 dizem: "Ler em voz alta e ler silenciosamente são portanto duas modalidades às quais é preciso recorrer alternadamente" (M. E. N. C., 1992, p. 67), entende-se "duas modalidades" de *leitura*. Do ponto de vista lexical, o termo que se opõe a voz *alta* não deveria ser *silenciosa* mas sim voz *baixa*. A Igreja usava os termos paralelos de *missa alta* e *missa baixa* para distinguir os ofícios cantados para a assistência, daqueles que eram apenas murmurados pelo padre.

É possível levantar a hipótese de que essa terminologia tenha uma concepção subjacente, segundo a qual a leitura silenciosa seria considerada como uma leitura em voz baixa, contida, interiorizada, calada. Se assim fosse, seria possível regular o volume da leitura no grau máximo ou no grau zero. Em função das situações, a leitura seria uma emissão com um volume sonoro, ou reduzido a zero e inaudível (leitura silenciosa), ou suficiente para que fosse escutado (leitura em voz alta).

Em direção a um novo conceito

Dever-se-ia então atestar a morte de uma atividade que ocupou posição central em toda a história escolar? É o que fazem, às vezes, os que confirmam o caráter silencioso do ato de leitura: eliminam a "leitura em voz alta" da prática da classe ou então relegam-na à pré-escola como paliativo em favor da criança que ainda não sabe ler. Se a "leitura em voz alta" é precedida de uma outra que, silenciosa, é em si mesma a verdadeira leitura, então essa "leitura em voz alta" é despojada de sua função, perdendo sua razão de ser. Todavia, se é preciso atestar uma morte, trata-se da morte da atividade ou da sua justificação? Ao perder as razões de sua legitimidade, ela perde também seu papel? Hoje, no entanto, nós podemos justificar essa prática de outra maneira.

Na história e nos argumentos dos entusiastas da "leitura em voz alta", é possível encontrar as razões que nos permitem propor outros fundamentos para sua prática e fazer dela uma atividade *"em voz alta"* com finalidade própria.

A "leitura em voz alta" é às vezes aproximada à recitação do texto aprendido de cor. Na prática religiosa, a emissão vocal repetida do texto sagrado servia para a sua memorização. A seguir, a emissão sonora podia se efetuar de memória. Recitação e "leitura em voz alta" estavam, assim, associadas. As passagens escolhidas "devem ser aprendidas de cor, mais recitadas do que lidas" (Chartier e Hebrard, 1989, p. 192). Uma dimensão comum era reconhecida entre essas duas práticas, embora apenas uma delas fosse identificada como leitura. Essa aproximação entre a recitação e a "leitura em voz alta" implícita no passado é retomada nas recomendações ministeriais francesas de 1992. "A leitura expressiva em voz alta permanece um exercício difícil, na medida em que mobiliza ao mesmo tempo duas habilidades muito diferentes — a leitura e a dicção —, que ainda não estão, nem uma, nem outra, bem garantidas. No que concerne à segunda, que é preciso exercer desde cedo, dar-se-á preferência a seu treinamento através da recitação de textos aprendidos de cor" (M. E. N. C., 1992, p. 64). Pela primeira vez se observa em um texto oficial a dupla habilidade — leitura e dicção — exercitada na "leitura em voz alta". Do mesmo modo, pela primeira vez essa última é aproximada à recitação de textos decorados. Assim, a dicção pode ser realizada com um texto lido ou memorizado, como no sarau e no jogral.

A análise, no entanto, não vai além; o texto oficial não explora todas as consequências dessas observações. Se há duas atividades na "leitura em voz alta", de um lado uma *leitura* e, de outro, uma voz *alta*, pode-se então identificar a primeira à leitura silenciosa, devendo-se então descrever a atividade em voz alta como algo diferente da leitura.

Além das qualidades de leitura aprofundada, os defensores da "leitura em voz alta" lhe atribuem virtudes que é preciso examinar de perto. Trata-se de atividade que envolve convivência, o que não é o caso da leitura silenciosa, que é uma leitura para si. A voz alta é partilhável. Ela comunica a emoção e, através desta, o gosto de ler. "Não sabe ler aquele que não faz amar o livro" (F. Buisson, In: Chartier e Hebrard, 1989, p. 261). É portanto uma atividade formativa. É por isso que o professor deve fazer dela sua prática cotidiana; sua paixão de ler deve conduzir a criança ao prazer do texto.

Eis os conselhos dados por Ferdinand Buisson: "Olhos que brilham ou que se abaixam, escondendo uma lágrima, o silêncio que se faz mais intenso em torno do leitor, dedos que param inconscientemente no meio da obra começada. Eis aí a verdadeira leitura que faz bem, que é um laço na família, na sociedade, que aproxima as idades, que anima o lar" (Chartier e Hebrard, 1989, p. 261). Assim o professor deve saber comunicar sua emoção. "Ler [em voz alta] é ainda se colocar em harmonia com os sentimentos expressos pelo autor, traduzi-los e comunicá-los em torno de si: um sorriso, uma voz emocionada, olhos marejados de lágrimas, são manifestações eloquentes".[12] Ao lado dessa

---

12. *Boletim Pedagógico de Pas de Calais*, 1907, citado por Anne Marie Chartier e Jean Hebrard. *Discours sur la lecture* (1880-1980). Paris: Centre Pompidou, 1989. p. 260.

concepção do texto e da relação autor-leitor que carrega a marca da época, surgem aqui elementos de uma comunicação que, não sendo apenas linguística, se estabelece tanto entre aquele que pronuncia o texto e seus ouvintes, quanto entre os próprios ouvintes. A leitura que envolve convivência funciona como cimento social.

Hoje, pode-se observar a aparição de um deslocamento de ponto de vista nos textos de Edmond Beaume e de Eveline Charmeux. O primeiro (Beaume, 1986, p. 61-64), retoma a distinção ler para si/ler para os outros, já utilizada no século passado, precisando o lugar da emissão sonora em relação à compreensão: inicialmente uma leitura silenciosa para si, produtora de sentido e não de voz, em seguida uma produção vocal que traduz a leitura para o outro.

Eveline Charmeux distingue duas emissões vocais. Uma é chamada de *oralização*. Esse termo designa a emissão vocal que nasce da decifração; equivale ao que Jean Hebrard chama de "silabação hesitante", é anterior à produção de sentido e fator que dificulta a aprendizagem. Segundo aquela autora: "A aprendizagem pela oralização conduz a... uma verdadeira cegueira ortográfica" (Charmeux, 1987, p. 108). A outra emissão vocal é a *leitura em voz alta*, definida pela autora como uma atividade "de transmissão da leitura e por causa disso não pode ser uma atividade de leitura... Decorre disso que a leitura em voz alta é uma disciplina à parte, pertencente ao domínio do oral, que se apoia na leitura mas é exterior a ela e deve ser objeto de uma aprendizagem específica" (idem, p. 54). Na medida em que ela não é mais identificada como atividade de leitura, não pode ser definida como uma das suas modalidades, tal qual ocorre no texto de 1992. Apesar de ainda conservar o termo consagrado de *leitura em voz alta*, Eveline Charmeux é a primeira a considerar que se trata de uma transmissão oral a partir de um texto escrito.

Essa comunicação se efetua pela voz, pela melodia do texto, pelo seu canto. Aparecem então a música do texto e o gesto. "É a revanche da voz ao vivo sobre a letra morta" (Chartier e Hebrard, 1989, p. 261); os termos utilizados estabelecem clara hierarquia. A voz e o gesto transformam os significantes visuais do texto escrito em significantes audiovisuais vinculados a diversas linguagens. O texto estendido sobre a página (morto?) passa a ser carregado de corporeidade (vivo?). Não seria essa a transformação que o ator imprime ao texto escrito quando, através do jogo teatral, sua vitalidade torna-se responsável pela vida do texto transmitido?

Estamos no limiar do teatro, mesmo que os discursos oficiais não o admitam. Eles manifestam em relação a essa arte uma desconfiança que era generalizada no século XIX. Se na escola elementar é preciso abandonar a monotonia, é preciso também evitar "o inchaço da declamação" e os "efeitos das leituras de salão" (idem, p. 189-190). Mas as reservas em relação àquilo que poderia aparecer como uma teatralização são partilhadas também pelos autores do *Discours*, ao explicarem que a leitura pública "não é teatralização, mas transmissão controlada do sentido" (idem, p. 260). A comunicação teatral seria então uma transmissão incontrolada?

Pudemos observar ao longo da história, que o modelo da verdadeira leitura foi durante muito tempo a "leitura em voz alta" e que a noção de "leitura silenciosa" nasceu progressiva e tardiamente. Esta última, inicialmente recusada, adquiriu pouco a pouco a qualidade de atividade de leitura, antes de se tornar o seu modelo. A "leitura em voz alta", por sua vez, se viu gradualmente despojada de seu prestígio e mesmo de sua legitimidade.

Através da evolução das representações da "leitura em voz alta", assiste-se, contudo, à permanência de certas funções que, mesmo não inerentes ao ato de ler, são bastante importantes. Uma delas é a função que diz respeito à convivência, ou seja, a função comunicativa. A leitura, que é um encontro individual com um texto, exclui essa dimensão. Essa função de convivência se estabelece a partir de um texto escrito preexistente, que não é o único canal de comunicação, uma vez que ele se articula com outras linguagens. Essa situação de comunicação pluricodificada a partir de um texto já existente se identifica, no plano semiótico, à comunicação teatral. Assim, a história da "leitura em voz alta" é a história de um deslocamento. A ênfase, antes colocada no encontro com o texto, se desloca para o encontro entre as pessoas envolvidas na comunicação. O foco não reside mais na apropriação do texto; ele passa a se situar na singularidade de uma comunicação ao vivo entre uma pessoa que dá voz a um texto e outra que, ao escutá-lo, o enxerga.

2

História do teatro: algumas facetas

2.1 Uma nova concepção do teatro

Em nosso percurso através da história da leitura, observamos nos autores comentados referências explícitas à dicção. Às vezes, conscientes de que as características que atribuíam a essa atividade poderiam incitar a uma aproximação com o teatro, os autores tomavam o cuidado de distinguir os dois campos, afirmando que a "leitura em voz alta" não deveria ser confundida com o teatro: "é preciso formar pessoas que sabem ler e dizer, e não declamadores e atores"[1] (Legouvé, In: Chartier e Hebrard, 1989, p. 189). Em relação ao teatro, os textos oficiais mostram uma desconfiança pouco fundamentada, que os torna, apesar de laicos, curiosamente semelhantes às críticas feitas pela Igreja ao universo teatral.

---

1. O autor utiliza o termo "diseur" em francês, traduzido aqui por uma perífrase envolvendo o verbo dizer. Como se pode observar, é essa acepção do termo *dizer* que desenvolveremos mais adiante.

A concepção tradicional do texto no teatro

Essa ressalva se deve em parte às representações da crítica literária do século XIX. Acreditava-se que o significado residia no texto e que ele era o receptáculo garantido das ideias do autor. Do ponto de vista do leitor, tratava-se então de reencontrar o significado. No caso dos textos teatrais, entre estes e o ouvinte se interpõe o ator. Incumbido de transmitir o significado, ele deveria se tornar transparente. A voz deveria apenas fornecer um acabamento ao texto.

A tradição escolar, que sempre se valeu dos textos teatrais em seus programas, só fez reforçar esse ponto de vista. Na medida em que as obras dramáticas fazem parte da literatura, nunca são estudadas em sua dimensão teatral. Poucos vão ao teatro e a maioria conhece as obras apenas através do livro. Às vezes um professor mais audacioso experimenta com seus alunos a dicção do texto. Como se pensa que a verdadeira leitura, conforme verificamos, é uma "leitura em voz alta", baseada no convívio, partilhada, é preciso bem praticá-la na escola; esforços então são empregados para dar voz ao texto. Mas o corpo só intervém através do trabalho da voz e quase nunca através do olhar, do espaço, ou do gesto. Quando este último ocorre, apenas sublinha o texto. Nas encenações escolares, os gestos, objetos ou figurino usados no palco têm quase sempre uma função mimética. Eles se fazem presentes para ilustrar, para tornar verdadeiro, para "fazer vibrar" (Chartier e Hebrard, 1989, p. 261) o texto. Como todo o significado está contido dentro deste último, o que aparece fora dele só pode servir para reforçá-lo. "A primazia atribuída ao texto criou o hábito de considerar a passagem à cena como uma melhoria, como um progresso em relação ao texto simplesmente lido ou recitado, sem que essa passagem fosse considerada como determinante" (Ryngaert, 1977, p. 52).

Assim, a essência da obra teatral residia na literatura. No início do século XX, considera-se ainda que o êxito do espetáculo depende exclusivamente do texto. A representação teatral é a celebração coletiva de uma obra-prima; ela deve fazer brilhar o texto em todas as suas facetas. Os atores são apenas os seus intérpretes, devendo fazer dele uma leitura correta, a ser partilhada com o público, graças ao conhecimento que têm do *métier*. Um bom texto é um objeto precioso; para exibi-lo, a encenação lhe oferece sua "caixa de joias" (idem, p. 22). "Cada interpretação é apenas uma manifestação, uma encarnação, a mais perfeita possível, dessa forma, que é, em si mesma, todo o sentido do espectáculo" (Dort, 1986, p. 144). Como se concebe para o texto uma única interpretação, ele só pode assumir uma única forma.

Ao longo da história do teatro, porém, o texto não foi sempre soberano em todas as modalidades teatrais. Na Commedia dell'Arte, por exemplo, o texto nasce da adaptação de um roteiro à singularidade da representação. Mas nem sempre essa forma de teatro chegou a ser suficientemente valorizada.

Surgimento do diretor de teatro

No final do século XIX ocorreu uma mudança fundamental na elaboração do espetáculo teatral. Até essa época, não existia a figura do diretor de teatro. Antoine, o francês que em 1887 fundou o Théâtre-Libre, é considerado atualmente o primeiro diretor teatral. Suplantando as questões relativas ao texto, é ele quem formula a problemática da *teatralidade*. Ao tentar impor uma estética naturalista, Antoine precisa se opor à concepção declamatória do teatro francês da época. Além disso, com a invenção da eletricidade, "a luz se torna o material preponderante" (Roubine, 1980, p. 18); ao segmentar o espaço cênico, ela pode multiplicá-lo. O diretor, então, se assenhora da interpretação do ator que ele dirige e do espaço cênico que ele modela. Mediante o domínio do conjunto dos componentes da cena, o diretor teatral torna-se guardião da globalidade do espetáculo.

Por outro lado, nenhum teatro pode mais contar com a fidelidade de um público sociologicamente homogêneo. Cada espetáculo deve portanto construir entre o palco e a plateia uma comunicação que não pode mais repousar sobre convenções preestabelecidas. Nessa nova situação, é o diretor que "sela a comunhão entre o palco e a plateia" (Dort, 1986, p. 158). É o diretor quem escolhe a estética teatral. A partir daí, é ele quem opta pela submissão do espetáculo ao texto ou pela dependência do texto em relação ao espetáculo. Na primeira linha se inscrevem diretores como Copeau e Jouvet, *profissionais da leitura*. "É apenas através do prestígio da linguagem, pela escritura de uma obra, que o teatro atinge sua mais alta eficácia..." (L. Jouvet, In: Roubine, 1980, p. 56).

Na tendência oposta, alguns diretores teatrais contemporâneos aos primeiros, como Craig na Inglaterra, Meyerhold na Rússia, Brecht na Alemanha e Gaston Baty na França, vão continuamente experimentar um outro uso do texto em cena. Para eles, a representação teatral não pode depender unicamente de uma pessoa ausente da encenação, o autor. A submissão ao texto acaba conduzindo a um impasse: ou ele é uma obra-prima, e sua passagem à cena acaba sendo irrelevante, ou ele não é um grande texto e, assim sendo, não pode aspirar à consagração teatral. Esses diretores vão reivindicar o papel de criadores da obra teatral, que nasce e só existe no espaço e no tempo da representação. O texto é apenas um de seus componentes. Se o texto é uma obra-prima, assim é considerado pela sua inclusão no patrimônio da literatura. Ele pode ter potencialidades para ser encenado, mas não se torna, sozinho, uma obra teatral: ele participa dela.

A crítica literária dos anos sessenta passa a considerar o texto como polissêmico. O texto não encerra mais o significado em uma linearidade a ser desenrolada, mas o sentido se constrói através do encontro singular com o leitor. Matéria mais ou menos rica, mais ou menos plástica, o texto se oferece à habilidade do trabalho do leitor. Essa nova abordagem da crítica literária aumenta a amplitude das opções do diretor teatral, que poderá submeter o texto às transformações provocadas pelo seu encontro com outras linguagens, sem cometer sacrilégio. A partir de um *texto escrito* único, haverá múltiplas obras teatrais,[2] a saber, múltiplas encenações. Coube ao diretor reivindicar o reconhecimento de sua responsabilidade na criação da obra teatral. Os campos estão atualmente melhor delimitados. O texto escrito pertence à literatura; suas qualidades são reveladas pela leitura. O texto no palco diz respeito à arte teatral; suas qualidades são reveladas pela encenação, que lhe atribui um papel no conjunto da representação.

---

2. Texto/obra, conceitos de Paul Zumthor. In: *A letra e a voz*. São Paulo: Companhia das Letras, 1993. p. 220.

Outras fontes, além das literárias, podem estar na origem do teatro. Em vez de ser oriundo de um escritor, o texto tem a possibilidade de nascer do trabalho coletivo dos atores, surgindo de improvisações, ou sendo resultado de pesquisas históricas. Pode ser construído através de entrevistas que compõem um levantamento sociológico, pode ser a resposta dada por um autor a uma situação de improvisação teatral. O texto pode assumir uma função narrativa ou apenas se fazer valer pelo seu canto ou pelo seu grito, como preconiza Artaud, que pretende, através da encantação, liberá-lo da tutela do significado. Ele pode ser dito, mas também cantado, como ocorre nas canções das peças de Brecht. Na busca de evitar o suporte da voz do ator, ele pode reencontrar o papel dos cartazes e se fazer ler pelo espectador. A relação entre o texto e a cena é portanto multiforme e é a estética escolhida pela representação que vai reger a participação do material escrito na obra teatral.

Desde agora, depois de termos ressaltado as transformações que fizeram a arte teatral ingressar na modernidade, podemos reconhecer um fato marcante: o texto que passa do livro à cena muda de natureza. A literatura não pode mais impor a ideia de que existem em sua área duas modalidades de leitura do texto, uma que se realiza no livro e outra na cena.

Quando o texto passa do livro à voz, não estamos diante de uma nova manifestação da obra literária, mas, sim, de uma nova identidade, fruto de uma transformação sofrida por ele. Trata-se de uma metamorfose provocada por um novo criador, o diretor teatral. Nela, o texto sofre duas mutações. De um lado, deixa de se constituir em material único da obra, uma vez que deve se integrar às outras linguagens teatrais. Por outro lado, longe de poder postular a perenidade da língua escrita, o texto em cena só vibra na singularidade do aqui-agora da voz, através da efemeridade da comunicação teatral.

2.2 Semiologia do teatro

Quando os modernos teóricos do teatro limitam a função do texto a um componente do espetáculo, fazem-no para abrir espaço a outros elementos de linguagem. Essa redefinição do papel do texto marca com certeza os limites da extensão do campo literário. Mas essa é a aventura vivida pelas artes estabelecidas a cada vez que uma nova modalidade artística reclama seu reconhecimento. Assim, a pintura precisou modificar seus princípios estéticos com o nascimento da fotografia, pois a força dos efeitos de realidade dessa última tornava obsoletas as produções da pintura realista. Na medida em que esse campo lhe foi retirado, a pintura se voltou para uma tendência não figurativa, dentro da qual a fotografia não poderia lhe fazer concorrência. Esse foi também o caso do teatro, que, diante do surgimento do cinema, pôde questionar sua estética naturalista.

Ao submeter o texto às necessidades da encenação, o teatro conquista um espaço que até então pertencia à literatura. Esta, por sua vez, perde o campo da cena como lugar de sua manifestação. Não é mais a literatura que brilha no palco, mas a teatralidade. Assim como a fotografia reutiliza a imagem, matéria da pintura, para instituir a arte fotográfica, a encenação se apropria do texto, matéria da literatura, para instituir a arte teatral.

Temos hoje, portanto, uma outra visão do teatro, que surgiu a partir do final do século XIX. Ela é corroborada pela descrição efetuada pela semiologia. "A representação teatral é um conjunto de signos (ou um sistema) de natureza diversa, que diz respeito, senão total, pelo menos parcialmente, a um processo de comunicação" (Ubersfeld, 1978, p. 26). Esses signos de natureza diversa podem ser verbais. E entre eles é possível distinguir os signos linguísticos dos signos acústicos (expressão, silêncio, altura). Eles podem ser não verbais: visuais, musicais, proxêmicos etc. Assim como faz Christian Metz, pode-se chamar cada um dos subconjuntos de signos da mesma natureza de *código*: "chamo de 'código' cada um dos campos parciais dos quais se pode esperar uma certa formalização; cada uma das unidades que aspira à formalização" (Metz, 1977, p. 120). Pode-se mesmo estimar que a representação teatral na sua globalidade é um texto complexo produzido pelo conjunto de subtextos e outros signos de códigos diversos. E "o texto verbal (código linguístico) é uma parte do texto geral da R. T. (representação teatral); define-se por leis próprias e sustenta relações precisas com os outros textos cênicos" (Ubersfeld, 1981, p. 28).

Queremos agora, a partir da semiologia do teatro, identificar quais são os códigos da arte teatral com os quais o texto linguístico deve interagir. Tentaremos apontar alguns conceitos que nos parecem clarificar a prática vocal do texto. Não podemos mais ignorá-los se quisermos dar um papel à atividade em voz alta, uma vez que o ato inteiro de leitura foi identificado dentro da prática "mental"[3] do texto.

---

3. Encontramos o termo "leitura mental" no *Programa de ensino para as escolas primárias*. São Paulo: Imprensa Oficial, 1932. p. 6: Ele parece mais adequado do

Espaços-lugares

Dissemos que a luz elétrica, rapidamente introduzida nas salas de teatro desde sua invenção, havia multiplicado os espaços cênicos. O palco italiano oferecia o mesmo *espaço* de representação a cada espetáculo. A identidade do espaço servia também para representar sempre os mesmos *lugares*,[4] muitas vezes salões. No dia em que a luz permitiu recortar dentro do espaço sempre idêntico, subespaços variados, novos lugares surgiram em cena, escapando às representações convencionais e contribuindo para tornar ainda mais obsoleta a regra da unidade de lugar. Com a diversificação dos significantes espaciais, multiplicam-se também os lugares representados. O espaço é, portanto, a linguagem espacial, sobre a qual o texto vem se articular.

O teatro contemporâneo, acelerando a experimentação que o teatro de rua nunca havia abandonado, modifica a arquitetura do palco que, de frontal, poderá passar a ser central,[5] e assim por diante. A exemplo do teatro japonês, o espaço agora é tratado como um dos componentes essenciais do espetáculo. Com a ajuda da tecnologia moderna, é possível diversificar os signos; multiplicando os espaços com praticáveis surgem então rampas, fossos, telhados, ruelas etc. No entanto, a opção por recursos sofisticados não

---

que o de leitura silenciosa, já que não se refere a uma atividade cujo som teria sido sufocado, neutralizado.

4. Utilizamos o termo *espaço* para designar o local físico e o termo *lugar* para o mundo representado, segundo a terminologia de Jean Pierre Ryngaert (*Jouer et représenter*. Paris: Nathan, 1985).

5. Um bom exemplo é o *Teatro de Arena* de São Paulo que, entre o final dos anos cinquenta e a década de setenta, utilizava um espaço cênico circular central.

é obrigatória. Recentemente, em *A nova velha história*, o diretor Antunes Filho (1991) faz aparecer sucessivamente no caminho de Chapeuzinho Vermelho a floresta e a casa da avó, mediante a interpretação dos atores e a utilização de objetos mínimos.

O teatro contemporâneo nos ensina que o espaço, ocupado por recursos sofisticados ou esvaziado até o despojamento, é uma matéria significante essencial. O teatro pode existir sem texto, mas ele não existe sem espaço. Suas variações dentro ou fora do prédio teatral, rua, apartamento, escada, passarela, são hoje matéria-prima para a encenação.

Assim que o texto passa do papel para a voz do ator, este o coloca no espaço. Da superfície da página, ele passa ao volume da cena. E esse espaço real vai se transformar, pela magia do jogo, em lugar fictício. A mesma escada de *Paraíso Zona Norte* de Antunes Filho (1989), se metamorfoseia, em casa, funerária, igreja e estádio de futebol.

Acessório-objeto

Tudo o que figura em cena adquire nela o valor de signo, na medida em que o objeto cênico se refere a alguma coisa que tem existência real ou fictícia fora do palco. Essa referência pode assumir múltiplas formas.

Num primeiro caso, o *acessório* cênico pode ser o "duplo" do *objeto*[6] fictício. Assim, a cama sobre a qual se deita

---

6. A partir do modelo da oposição *espaço-lugar*, formamos a oposição acessório-objeto.

a atriz é o duplo da cama da avó de Chapeuzinho Vermelho. A manifestação concreta do objeto coincide com a sua classe. Mas é necessário distinguir o acessório real do objeto da ficção: a cama da cena não é a da avó de Chapeuzinho Vermelho. O teatro realista baseia sua estética sobre a primazia atribuída a esse uso do acessório verdadeiro.

Uma outra possibilidade é o uso de um significante que não é da classe do referente, mas é sua "réplica".[7] O acessório possui a maior parte das características do objeto ficcional, mas não todas. Assim, a coroa do Rei Lear pode ser representada por uma coroa de papelão. É bem conhecido o uso que o teatro tradicional faz desse tipo de acessório e a importância que ele possui dentro das representações que temos habitualmente do universo teatral.

Tanto o duplo, quanto a réplica da realidade podem, por sua vez, significar de duas maneiras. Na primeira delas, o diretor teatral usa a cópia mais verossímil possível e opta por dissimular a imitação. A peça pode parecer tão mais verossímil quanto mais os objetos cênicos forem verdadeiros e derem a impressão de pertencer à fabula que nos é exposta. Nós nos deixamos enganar, uma vez que, ao penetrar na ilusão assim que entramos na sala de espetáculo, perdemos os meios de reconhecê-la enquanto tal. Colocar em cena um cavalo de verdade (duplo) ou imitar perfeitamente uma espada com o uso do plástico (réplica), é negar a opacidade do signo, é pretender torná-lo transparente, fazendo o público esquecer o funcionamento da linguagem. Assim como a perfeita transparência do vidro pode dificul-

---

7. "Duplo" e "réplica" são termos escolhidos por Anne Ubersfeld em *L'école du spectateur. Lire le théâtre* 2, Paris: Editions Sociales, 1981. p. 127.

tar sua visão por parte do observador, a realidade do signo pode ser camuflada diante da força da ilusão.

Na segunda maneira, o diretor, ao tirar partido da semelhança do acessório, pode subverter o simulacro, ao mesmo tempo que lhe atribui o poder de fazer de conta. Assim, no teatro os objetos são signos e se apresentam sob a dupla face de um significante e de um significado. A relação entre os dois pode se distender e ser assumida por um ou alguns traços semânticos. O que se opera, então, é um verdadeiro desvio semântico. No *Mahabharata* de Peter Brook (1985), os mesmos bastões se tornam sucessivamente arcos, espadas, flechas, grades, macas. O duelo entre duas bigas é representado metonimicamente pela corrida de duas rodas verdadeiras, movidas como aros pelas mãos dos atores. Diante desse procedimento o espectador é conduzido a distinguir a roda presente no palco (significante), da roda da biga fictícia (referente).

O teatro pode até dispensar o acessório fazendo o significante nascer do gesto do ator. Assim, não se tem mais necessidade de recorrer a um tecido, para que o ator, ao chorar, manifeste através de um gesto das suas mãos vazias a presença de um avental.

Pessoa-personagem

A significação do espaço se faz presente desde a abertura do espetáculo, mas é na entrada em cena (entrada no espaço) do ator que ela acaba por se impor. A mutação do espaço em lugar é reforçada pela ocupação do espaço pela *pessoa* e pela sua metamorfose em *personagem*.[8] Não é só a pessoa do ator que entra em cena, é também o personagem que ocupa o lugar representado. Identificamos aqui um outro componente da linguagem teatral. Em uma de suas vertentes, aparece um conjunto de significantes constituído pelos traços da *pessoa* do ator, e, na outra um conjunto de significados constituído pelos traços do *personagem*.

Jogo e identificação

A atriz que diz "Ódio não sei ter"[9] se exibe aos espectadores enquanto personagem que diz "eu". Ela pronuncia realmente as palavras do texto, mas as palavras que reconciliam Chimène e Rodrigue são fictícias. O discurso teatral tem então dois aspectos. Ele é ao mesmo tempo real e fictício; o texto se desdobra. O "eu" do ator se dirige ao mesmo tempo ao personagem e ao próprio espectador. Existem duas mensagens. Uma é palavra de amor para o personagem e outra é solicitação para o espectador: *escute essa palavra*.

Naturalmente, o espectador não se deixa enganar. Pelo contrário, o seu prazer é fundado na *denegação*, pois ele sabe que não é a filha de um poderoso da Espanha que está diante dele, mesmo se a atriz é semelhante a ela. O espectador diz para si mesmo: *"eu sei"* [que não é a realidade], *"mas no entanto..."* (Mannoni, 1969, p. 20).

---

8. Oposição utilizada por Jean Pierre Ryngaert em *Jouer, représenter*. Paris: Cedic, 1985.

9. *Le Cid* de Corneille, tradução de Jenny K. Segall. São Paulo: Martins, 1966. p. 91.

Proferindo *eu*, a atriz aceita ser identificada como pessoa apaixonada. Para dizer um texto é necessário entrar num jogo. É preciso ser capaz de assumir as palavras do personagem, quer sejam palavras de amor ou de ódio. Ao fazê-lo, aceita-se que os ouvintes identifiquem temporariamente o corpo e a voz da pessoa como o corpo e a voz do personagem. Esse "fazer de conta" para si e para os outros é o que fundamenta o jogo do ator. Dizer um texto é assumir esse jogo, realizar uma atividade radicalmente diferente da leitura.

Quando estamos diante de um fazer teatral liberto das modalidades convencionais da representação, observamos em operação uma série de códigos, cujos elementos constitutivos podem ser dissociados para serem reorganizados em várias combinações. A atribuição de um papel a um ator baseada na semelhança com o personagem traduz certamente a modalidade mais disseminada em teatro, mas outras opções são possíveis.

O teatro contemporâneo, aliás, experimenta um outro tipo de repartição dos papéis entre os atores, podendo se opor à semelhança e, portanto, à verossimilhança entre o ator e o personagem. As combinações são múltiplas. Um personagem feminino pode ser interpretado por um homem, o que era tradicional no teatro elizabetano. Vários atores podem assumir um mesmo personagem sucessiva ou concomitantemente. De modo inverso, um mesmo ator pode representar vários personagens. É o que se passa em uma das mais antigas modalidades de teatro: a atividade do contador de estórias. Nela, uma única pessoa assume todas as instâncias do enredo: não somente a voz de cada um dos personagens, como também o discurso do narrador. O contador se alterna; penteia-se ao virar à direita e depois se despenteia ao virar à esquerda, proferindo as palavras de cada protagonista; no momento seguinte, ao dar um passo em direção ao público, narra a estória que ocorre com os personagens.

O fato de o personagem ser assumido pelo corpo de um ator, contudo, não é uma situação obrigatória. A prática mais usual é que o significante sonoro do texto e o significante corporal sejam trabalhados pelo mesmo ator, mas o diretor tem também outras opções. Ele pode, por exemplo, introduzir uma dissociação entre os dois significantes, recorrendo a um *play-back* com um texto gravado, enquanto o corpo do ator assume apenas a gestualidade. Ou então, evidenciando o deslocamento, o texto pode ser dito por um e interpretado por outro ator.

É uma dissociação desse tipo que se produz no teatro de bonecos. O corpo do personagem é representado por um elemento material, enquanto a voz é emitida pelo manipulador. Na medida em que rompe com uma representação realista, o "teatro de objetos" oferece grande riqueza semiótica. Ele não recusa certamente a ilusão, mas, uma vez que explicita sua teatralidade, demonstra o funcionamento de sua linguagem. Configura uma linguagem que, ao dizer, mostra como diz.

No teatro de bonecos uma ruptura suplementar se produz. Assim como ocorre no que concerne à voz, a origem do movimento é também responsabilidade do manipulador, portanto dissociada do boneco. O movimento no teatro apresenta também sua dupla face: de um lado o *movimento*, de outro o que ele significa, ou seja, o *gesto*. No "teatro de objetos" o movimento se deve ao manipulador, mas o gesto pertence ao personagem. Essa ligação entre manipulador e boneco pode, por sua vez, se revestir de diversas formas que cada técnica traduz a seu modo. O manipulador pode estar dentro do fantoche ou sobre a marionete, acionando fios ou varas. Ele pode movimentá-la se dissimulando atrás quando ela é suficientemente grande, como ocorre no Buraku japonês, ou habitá-la, quando ela é gigantesca como nas tradições populares brasileiras ou nas peças do grupo suíço Mummenschanz.

Essa variedade de significantes, em troca, pode servir de exemplo ao teatro de atores, que possui meios para experimentar as mesmas dissociações, as mesmas transformações. Pode-se ter os diversos componentes do personagem assumidos por vários atores, um lhe emprestando o corpo, outro a voz, o terceiro manipulando o primeiro como marionete, tal como ocorre na montagem *A vida como ela é*, dirigida por Luis Arthur Nunes em 1992, a partir de crônicas de Nelson Rodrigues.

Nesse tipo de representação o texto linguístico, esbarrando nas outras linguagens, voa em estilhaços.

Esses fragmentos podem, por sua vez, servir de material para constituir uma outra linguagem e compor uma nova obra, a obra teatral.

2.3 Uma outra terminologia

Assim a "leitura em voz alta" seria assimilável à atividade do ator? A vocação do professor, no entanto, não é transformar crianças em atores, nem a classe em espetáculo.

Deve-se certamente levar em conta as condições da comunicação; aquelas que estão presentes no teatro com um público determinado não são as mesmas vividas pelas crianças de uma classe. Mas nos dois casos trata-se de transmissão vocal de um texto.

Por outro lado, nessa situação de comunicação escolar, não se observa sempre a utilização de cenário que transformaria os espaços em lugares fictícios, nem de figurinos que metamorfoseariam o contador em personagens. A língua é soberana e as outras linguagens podem não se manifestar. A presença dos códigos visuais é leve, porque é contida. Essa sutileza das outras linguagens diz respeito às opções feitas pela transmissão vocal e não à natureza semiótica da atividade. A teatralidade está presente, uma vez que corpos atuam ludicamente num espaço e que se instaura uma comunicação multicodificada convocando linguagens-visuais e outras linguagens sonoras. Mesmo que o estilo escolhido demande uma participação sutil de linguagens não verbais, elas não estão excluídas. A neutralização dessas linguagens representa em si mesma uma opção semiótica.

É a passagem do texto à voz e sua articulação com as linguagens visuais que transforma a natureza semiótica e social do texto e o faz transpor a fronteira entre a literatura e o teatro. Não se trata de um peso atribuído a essas linguagens, que, uma vez tendo ultrapassado determinado ponto, passaria a se tornar significativo.

Por que é necessário explicitar essa diferença entre o leitor e o ator? A necessidade se explica pelo fato de que a terminologia tradicional, ao usar o termo "leitura em voz alta", reúne em um mesmo conceito a atividade do leitor e a do "proferidor". Precisávamos portanto comparar a especificidade daquilo que se costuma chamar de leitura silenciosa e de leitura em voz alta.

No entanto, o papel do leitor é aquele que se aproxima mais ao do espectador, enquanto o papel do escritor é paralelo ao do ator. A atividade do "proferidor", assim como a do ator, se dá no campo da emissão; tanto o espectador quanto o leitor realizam atividades de recepção. Desse modo, falar de "leitura em voz alta" equivale a reunir, em mesmo vocábulo uma atividade de emissão e outra de recepção. Como é possível que, sob o pretexto de que proferir pressupõe uma leitura, o aspecto de emissão da transmissão vocal, seja minimizado a esse ponto? Essa aproximação não é operatória, portanto não pode nos satisfazer.

Com efeito, a pessoa que transmite o texto às vezes tem necessidade de lê-lo. Mas a presença ou a ausência de leitura não modifica a natureza da comunicação com o ouvinte. O ator que diz "eu", não está mais diante do texto que fala, ele o fala. Esse assumir do "eu" se faz diante de testemunhas, já que não somente ele diz esse pronome da primeira pessoa, mas também se mostra dizendo-o. Há aqui, portanto, um "faz-de-conta" atestado pelo outro. Na atividade de leitura não existe esse jogo diante do outro, pois o leitor pode manter o texto a distância ou mergulhar nele, uma vez que ninguém é testemunha da identificação que ele assume ou recusa.

Leitor e espectador são portanto dois receptores; em seu íntimo e sem testemunhas, ambos podem se identificar com o personagem. Essa identificação, todavia, não se realiza em iguais condições, pois na leitura ninguém se interpõe entre o receptor e o texto, enquanto no teatro existe o ator. Em relação ao texto que diz "eu", o leitor conserva um controle que o espectador não possui em relação ao "eu" do ator.

O ator não efetua nenhuma leitura durante a representação. A descrição semiológica que fizemos se aplica a uma atividade que não inclui ato de leitura. Naturalmente o ator tomou conhecimento do texto por uma leitura prévia. Mas a abordagem utilizada para aprender o texto em nada modifica a natureza da representação. Nas culturas orais, por exemplo, o ator aprende seu texto sem leitura.

A semiologia do teatro nos esclarece bastante, na medida em que trata o texto linguístico como um dos elementos de um novo texto, que Anne Ubersfeld chama de "Texto da Representação (T. R.)". Nessa perspectiva, o ator é uma instância de enunciação, enquanto o diretor do espetáculo é o produtor desse texto (T. R.). É necessário então reverter nossa concepção da "leitura em voz alta" e considerá-la como uma atividade emissora que requer não só a língua, mas uma grande diversidade de linguagens; trata-se de uma produção com múltiplas vozes.

Um outro conceito

Assim sendo, a terminologia leitura silenciosa/leitura em voz alta não é satisfatória. De um lado, ela aproxima duas atividades, uma silenciosa e pessoal, a outra sonora e comunicativa, cuja distinção é essencial. É preciso então dizer como Eveline Charmeux (1987), que a "leitura em voz alta" (mas então por que conservar uma expressão contraditória em seus termos?) não é uma leitura, mas uma "transmissão da leitura". Por outro lado, o termo "leitura em voz alta" não pode ser aplicado ao ato de recitar, que é também uma atividade de comunicação efetuada a partir de um texto escrito. Duas atividades semelhantes (aquela "em voz alta" e a outra "recitante"), permanecem então, equivocadamente, em categorias distintas. As condições da enunciação são certamente modificadas quando o texto é transmitido pela voz, com ou sem o livro entre as mãos. A natureza da atividade, todavia, não se altera.

Utilizar o termo "leitura em voz alta":

1. É se ater somente a um aspecto secundário da proferição do texto, pois a leitura é uma atividade de recepção e a "leitura em voz alta" é, antes de mais nada, uma atividade de emissão.
2. É truncar essa atividade de uma das possibilidades que ela mesma encerra: a transmissão vocal do texto aprendido de cor.
3. É esquecer a especificidade comunicativa e, portanto, toda sua didática.
4. É recorrer a um modelo teórico que subordina a leitura a uma atividade vocal que é sufocada.

Levando em consideração a especificidade dessa atividade que tentaremos descrever, recusamos chamá-la leitura e de agora em diante a nomearemos *"dizer"*, termo já encontrado sob a pena de Legouvé. Optamos por não utilizar o termo *oralização*, já empregado com um sentido diferente. Construído a partir do radical *oral*, ele não permitiria distinguir essa atividade da língua oral. A palavra *dizer*, ligada lexicalmente ao termo *dicção* — também utilizado no teatro mas que não apresenta forma verbal correspondente — oferece a vantagem de poder ser empregada como substantivo ou como verbo.

Como em português não podemos utilizar a palavra "ditador" derivada do verbo dizer, para designar a pessoa que diz, empregaremos o termo *locutor*, proveniente do rádio, aceitando uma certa ambiguidade, uma vez que esse termo remete também à pessoa que produz um discurso oral.

Se propomos uma outra terminologia é porque fazemos um outro tipo de análise e, em particular, porque levamos em conta a evolução das práticas de leitura e de suas representações. Fazemos da leitura silenciosa, essa atividade superficial e rápida, desacreditada ainda há pouco, uma atividade "mental" de construção de sentido. Uma vez que ela não produz som, não há possibilidade de que, ao amplificar seu volume, se obtenha uma "leitura em voz alta". O dizer é uma atividade de comunicação instaurada a partir da tradução de um texto escrito em texto vocal. É isso que paradoxalmente fica reconhecido de modo implícito, quando na "leitura em voz "alta" se distingue uma dupla atividade de *leitura* e de *dicção* (M. E. N. C., 1992, p. 64).

Proponho portanto o emprego de uma terminologia simples, precisa, não ambígua:

1. *Oralizar*, para a atividade de *identificação* das palavras através da voz.
2. *Ler*, para a atividade silenciosa de construção de sentido a partir do significante gráfico.
3. *Dizer*, para a atividade de comunicação vocal de um texto preexistente.

Dessa maneira poder-se-ão evitar formulações como "as crianças conseguem muito bem *ler* sem compreender", citada com humor nas recomendações ministeriais de 1992, que solicitam "uma concepção da leitura que não seja desconectada da compreensão" (M. E. N. C., 1992, p. 131). Nós traduziríamos a menção acima por "as crianças conseguem muito bem *oralizar* sem compreender".

3

A voz alta: algumas pistas

3.1 Uma atividade em si mesma

O surgimento tardio e progressivo de um tratamento silencioso dos textos poderia deixar acreditar que a tradicional prática "em voz alta" perdeu sua razão de ser. Com efeito, o desaparecimento dessa atividade na classe ocorre de várias maneiras. É o caso, sempre que a manifestação "em voz alta" é considerada prejudicial à realização de uma leitura visual. A não utilização é justificada nessa situação pelo receio de ver os alunos recorrerem à passagem pela voz como subterfúgio para chegar ao sentido, evitando o processamento direto da escritura do texto. Observa-se então o esquecimento da dicção do texto, que passa a ser sistematicamente substituída pela leitura silenciosa.

O dizer como avaliação da leitura

Mas é também o caso sempre que se justifica a presença da "voz alta" pela avaliação da atividade de leitura, que, aliás, pode recobrir duas modalidades. Quando o aprendizado da leitura se faz pela decifração, a produção sonora traduz o domínio das relações grafofonéticas. Já que, nessa concepção da aprendizagem, a compreensão se dá mediante a sonorização do texto, a que chamamos oralização, a construção do sentido não é vista como pertencendo ao campo da escrita, mas sim ao campo do oral. Essa oralização pode assim avaliar perfeitamente essa habilidade de transformar os signos escritos em signos sonoros. No entanto, essa habilidade é quase universalmente reconhecida como insuficiente: "as crianças leem mas não entendem".

O emprego da "leitura em voz alta" como avaliação é às vezes fundamentado de outra maneira. Fazer uma boa leitura para os outros supõe a compreensão do texto a ser transmitido. Já que a qualidade da transmissão vocal do texto depende da sua compreensão, a primeira se torna um meio para avaliar a segunda. É entretanto necessário analisar as condições de validade dessa avaliação.

Vimos que o "dizer" não pode ser uma modalidade de leitura. *Ler* e *dizer* são duas atividades distintas e cada uma delas não pressupõe a presença da outra. O dizer poderá avaliar uma leitura cada vez que for relacionado a ela. Assim o professor deverá se assegurar de que o dizer não resulta de um conhecimento de cor do texto, mas exige uma leitura. Nesse caso, um bom dizer traduz uma verdadeira habilidade em leitura, pois o aluno é capaz de realizar ao mesmo tempo uma leitura e uma dicção. Dizer e ler ao mesmo tempo requer um bom domínio de ambas as atividades.

Não se pode, todavia, transpor diretamente resultados obtidos em testes de "leitura em voz alta" como resultados em leitura. Esta última é uma atividade silenciosa e invisível, que não pode portanto ser avaliada de modo direto, mas somente por seus efeitos. O dizer é um deles, como também o são as respostas a uma série de questões sobre a compreensão. É preciso então perceber claramente aquilo que distingue o ato de ler do ato de dizer, para poder interpretar os resultados. Uma boa dicção naturalmente revela a compreensão que a torna possível. Uma má dicção, ao contrário, nada nos indica sobre a compreensão, já que se pode ser bom leitor e mau emissor. Assim, uma performance de cem metros de costas denota no nadador uma boa saúde; não saber nadar, contudo, não é sintoma de doença. Do mesmo modo, não saber dizer nem sempre está relacionado a um domínio insuficiente da leitura. Já observamos quanto o dizer pressupõe o domínio das condições de comunicação pela voz e, por vezes, das situações lúdicas nas quais se efetua essa comunicação. Mesmo o bom orador pode ter dificuldades para dizer um texto diante de um público hostil. Sua performance medíocre nada nos informa sobre suas capacidades de leitura. Uma criança pode devorar livros e ser incapaz de dizer um texto a seus companheiros.

O papel fundamental do dizer

Enfim, reduzir a voz alta a um meio de avaliação significa lhe atribuir um valor apenas escolar e não reconhecer seu interesse social. É amputar essa atividade de toda motivação comunicativa. É preciso então valorizar sua função social para lhe restituir seu devido lugar nas práticas de comunicação e na conquista da língua escrita.

Assim o fazem determinados educadores que reconhecem a importância da história dita a partir de livros nas creches, ou à noite, antes do sono infantil. Essa atividade é essencial para abrir o acesso da língua escrita à criança que ainda não sabe ler. Perguntar se é preciso começar a aprendizagem da leitura ao mesmo tempo ou antes da escrita, é formular uma falsa questão, uma vez que não é a escola que decide, mas a vida.

O encontro inicial da criança com a língua escrita se faz muitas vezes desde os primeiros meses, através das histórias ditas pela mãe. Durante um longo período, a criança terá acesso à língua escrita apenas pela palavra ligada ao gesto materno. Rapidamente ela poderá ter contato com o livro, pelo tato, pelo olhar, pelo olfato e mesmo pelo paladar. A escrita, transbordando a audição, investe todos os sentidos. O livro-objeto encontra aí sua função: ele é feito para ser manipulado, consumido. Mais tarde, o olhar ganha primazia e a criança, através das páginas que vira, faz suas primeiras explorações em meio às imagens, discriminando-as de outro material que a elas se mistura, o texto. É a primeira abordagem da leitura pela criança. Mais adiante ela será capaz de traçar suas primeiras garatujas. As três vias serão então abertas nessa ordem: dizer-ler-escrever.

A criança é introduzida na escrita antes de entrar na escola. Seus parentes e vizinhos vão acompanhar suas descobertas em casa, antes que a escola as sistematize. Daí provém a grande desigualdade entre as crianças, que não se originam sempre em um universo letrado. A escola pode reduzir as diferenças oferecendo desde muito cedo esse contato diversificado com a escrita, praticando diariamente as três atividades.

Assim como em grupos sociais não alfabetizados há profissionais que traduzem oralmente textos para aqueles que não sabem ler, o adulto ou a criança mais velha pode servir de mediador entre os textos e as crianças que ainda não dominam a leitura. Durante o Antigo Regime na França, a voz alta permitia ao texto atingir "mesmo os mais humildes, mesmo os analfabetos que só podiam receber a escrita através da intermediação da palavra" (Chartier, 1987, p. 95). No Brasil, a difusão da *literatura de cordel* se realiza em dois níveis: pela publicação, para quem sabe ler, e pelo dizer, que possibilita partilhar, com aqueles que não sabem ler, o *prazer do texto*. É esse também o papel do leitor que presta assistência àquele que não tem acesso direto ao texto, como o cego por exemplo. É por isso que muitas vezes se afirma que o domínio da leitura, ao possibilitar à criança autonomia de acesso à escrita, torna obsoleto o uso do dizer.

Essa função de substituição desempenha um papel importante, mas não constitui a primeira razão que fundamenta as práticas do dizer. A transmissão de um texto pela voz e pelo gesto não desaparece numa sociedade de leitores. Antes de mais nada, cabe lembrar que diariamente um público imenso assiste ao jornal televisivo, no qual o dizer ocupa um lugar importante. Além disso, um público bem mais restrito e intelectualizado frequenta os espetáculos teatrais. A leitura não se substitui à frequentação do teatro, nem este impede o prazer da literatura. Não se pode reduzir o dizer a seu papel de substituto da leitura para iletrados e, menos ainda, à função de instrumento de avaliação escolar. O dizer, primeiro elo de contato da criança com a escrita, não pode desaparecer quando se instala o domínio da leitura. Ele se torna um campo em si mesmo — dizer do adulto inicialmente, dizer das crianças em seguida —, que se aplica a objetivos específicos.

Uma nova concepção de uma antiga atividade

É necessário fazer do dizer uma das grandes práticas da língua escrita, como o são a leitura e a produção de texto. Uma vez que o dizer foi diferenciado da leitura e que não se pretende vê-lo desaparecer da sala de aula, cabe reintroduzi-lo como terceiro termo na terminologia tradicional, junto ao ler/escrever. Para se ter acesso à escrita, existem três vias, *ler/escrever/dizer*, que convocam não somente operações cognitivas idênticas, mas também operações distintas. Se, por um lado, trata-se de uma língua única com suas mesmas regras de utilização, é certo que a leitura, por exemplo, exige um tratamento sintático dos espaços entre as palavras que não faz parte do processo da produção de texto. Cada uma dessas vias exige então uma abordagem própria e requer uma competência específica.

A tradição tinha razão em atribuir um lugar importante à "voz alta" na escola. As mutações que reconhecemos nas práticas da leitura não podem reduzir a importância que tradicionalmente era reservada para essa comunicação vocal. O que se está questionando é a conceituação da prática vocal do texto; insatisfatória, ela requer uma reformulação.

As práticas do dizer devem resgatar objetivos de comunicação e minimizar metas de avaliação. Se na expressão "leitura em voz alta" as palavras *voz alta* convêm, o termo *leitura* é enganoso. O dizer deve existir na sala de aula mas não pode valer pela leitura. É preciso praticar a *voz alta* e a *leitura*. Cada uma tem a sua função, cada uma exige capacidades específicas, cada uma é uma entrada particular na língua escrita e na cultura.

Além do mais, o dizer tem uma extensão maior que a tradicional "leitura em voz alta", pois inclui igualmente a proferição do texto aprendido de cor. O ator, ao dizer no palco, não faz nenhuma leitura concomitante. As crianças pequenas, sem saber ler, podem recitar poemas. Da mesma maneira, na tradição oral, os textos se transmitem de pais a filhos sem a mediação de qualquer ato de leitura. Nessas situações trata-se de transmissão de textos pela voz.

Desse modo, a extensão do conceito é deslocada. De um lado, o conceito *dizer* não remete mais às atividades de leitura e, de outro, inclui a prática da recitação. A compreensão do conceito se depura: o *dizer* se torna uma comunicação vocal que coloca em jogo um texto escrito.

Não temos a pretensão de apresentar aqui uma metodologia do aprendizado da leitura. Nossa preocupação é outra. Queremos delimitar melhor as situações sociais de utilização da escrita, para poder identificar suas manifestações na classe. Será possível então melhor equilibrar o peso dado a cada uma delas e, eventualmente, reintroduzir aquela que estiver ausente. Praticar a leitura ou a produção de textos no quadro de uma comunicação faz parte das exigências dos métodos ativos e da Pedagogia Freinet. Aprender a escrita supõe, entre outras coisas, sua utilização. O *slogan* dos métodos ativos, aprender a ler lendo, permanece atual, quando entendido de maneira não exclusiva. Podemos reformulá-lo: não se pode aprender a ler sem construir sentido, nem escrever sem produzir textos. Uma vez que fazemos do dizer uma atividade autônoma, à semelhança das duas outras, devemos acrescentar que não se pode aprender a dizer sem transmitir textos.

3.2 O dizer informativo

Nosso percurso pelo teatro contemporâneo nos permitiu identificar o dizer, atividade de comunicação vocal do texto escrito. Podemos igualmente notar que essa comunicação comporta uma dimensão lúdica, que obriga aquele que diz a assumir pessoalmente as diversas instâncias de enunciação, e o transforma em personagens. Isso ocorre a cada vez que se trata de um texto de ficção ou poético, ou seja, de um texto cuja função essencial não é a função referencial ou de informação.

Os usos sociais

Todavia, a comunicação que estabelecemos com os outros por intermédio de um texto nem sempre remete a uma situação de jogo. O dizer pode transmitir não um texto de ficção, mas um texto informativo. Socialmente essa situação aparece com mais frequência do que se supõe. O exemplo mais comum, apesar de raramente identificado, é o texto do jornal televisivo. Quando as notícias nos são transmitidas, o texto que nós ouvimos não pertence à língua oral.

Uma prática da língua escrita

Na língua oral, o texto é elaborado à medida que é enunciado. O locutor começa uma frase sem saber exatamente como a terminará; a partir do seu conhecimento da língua, ele deve encontrar uma estrutura sintática que permitirá acabá-la. Essa elaboração é feita de pausas, hesitações e palavras de espera, que fazem o locutor ganhar tempo enquanto busca a solução linguística adequada. O oral se caracteriza assim por uma organização textual específica, resultante de condições de enunciação que impõem uma certa improvisação. Podemos encontrar textos impressos que possuem essa estrutura do oral, como os diálogos de histórias em quadrinhos. Assim, as fronteiras entre a escrita e o oral são tortuosas; um único critério não é suficiente para proceder a uma classificação. Nos múltiplos encontros entre a escrita e o oral, os cruzamentos são profícuos.

Em nossa conceituação do dizer, inversamente, classificamos dentro da escrita as práticas vocais dos textos. A língua usada pelo dizer remete à língua escrita porque suas principais características vêm dela. A matéria-prima do dizer certamente não tem dimensão visual, enquanto o texto escrito exibe uma imagem. As diferenças de cor ou de caracteres gráficos não existem. A oposição entre letras maiúsculas e minúsculas tampouco, e os nomes próprios não são tão facilmente identificados através dos lábios, quanto na página. Os espaços brancos entre as palavras inexistem, mas estas são fundidas em grupos sonoros mediante encadeamentos e junções. Não existem mais rupturas da linearidade impostas pela iconografia. Desaparece a liberdade do leitor de passear entre as páginas.

Permanece, contudo, uma grande parte da estrutura do texto escrito, cuja coesão interna o distingue do texto oral. No dizer não se verificam, nem na organização sintática, nem na seleção do léxico, as hesitações do oral, caracterizado pela presença de frases inacabadas e retomadas. O seu vocabulário é mais variado, sua sintaxe mais elaborada, seus registros são mais diferenciados. Além do mais, a organização textual, autônoma, não depende tanto do contexto da enunciação, ao contrário do oral, que possui um complexo sistema de referências à situação extratextual. É interessante notar que o texto teatral — assim como o texto oral — se distingue do texto narrativo justamente por seus *dêiticos*.[1]

Ao ouvir estórias, portanto, a criança estabelece relações com a língua escrita, primeira matéria a partir da qual ela vai poder construir seu sistema linguístico da escrita, distinto do oral. Essa criança começa a elaborar um sistema rudimentar. Ela já pode reconhecer a sua estrutura (*era uma vez*), a sua construção (*Espelho meu, há no mundo mulher mais bela do que eu?*), o seu vocabulário (*ogre, roca*). Desde cedo, ela encontra um material a partir do qual pode apontar constantes e construir uma gramática pessoal da escrita, distinta das regras da língua oral. Esse sistema embrionário irá se complexificando e se enriquecendo a cada descoberta de uma nova regularidade, passando a ser a base sobre a qual virão se apoiar, mais tarde, outros elementos provenientes da exploração visual do texto.

---

1. Entendem-se por esse termo expressões cujo referente só pode ser determinado em relação à situação dos interlocutores, ex.: aqui, agora etc. (cf. Oswald Ducrot e Tzvetan Todorov. *Dicionário enciclopédico das ciências da linguagem*. São Paulo: Perspectiva, 1972. p. 232).

O dizer oferece à criança um material necessário para a construção do seu sistema da língua escrita em particular, e da língua em geral. Desse ponto de vista, a contribuição linguística do dizer é mais determinante durante a primeira infância, enquanto ele é a única fonte de contato com a língua escrita. Embora sua importância diminua quando a criança passa a ler, ele não pode desaparecer.

O jornal televisivo

Na televisão se verifica essa situação de transmissão vocal do texto. No *Jornal Nacional* da Globo, o jornalista reativa sua memória *relendo* no teleprompter — aparelho colocado ao lado da câmera — o texto que será dito. Assim como no cinema, onde o ator deixa acreditar que está olhando o espectador enquanto observa a câmera, na televisão a comunicação é também fruto de uma ilusão. No jornal televisivo, o profissional nem olha a câmera, lugar virtual do espectador, mas sim o texto escrito, aumentando desse modo a ilusão de quem o assiste. Esse desvio do olhar do jornalista se exerce quase sempre na ignorância do público, que acredita ser o objeto da atenção da figura na tela.

É interessante notar que ainda hoje o jornal televisivo interpõe entre o texto e os usuários a mediação de uma voz, retomando a tradição da difusão dos cartazes, jornais ou almanaques, na França do Antigo Regime, e das obras da literatura de cordel no Brasil. Paradoxalmente, no entanto, essa voz atinge não somente um público analfabeto, mas também um grande número de leitores potenciais, fazendo concorrência à divulgação da escrita pelo jornal impresso.

A função desse dizer é transmitir a informação. Como essa atividade quase sempre esgota sua finalidade depois da primeira emissão, a repetição se torna inútil e o custo de uma memorização não se justifica. Assim que os espectadores entenderam a mensagem, a informação não precisa ser retomada.

Nessa situação, o texto vai reencontrar as linguagens corporais e, às vezes, as da imagem. O jornalista de televisão vai comunicar com os olhos e eventualmente com o gesto. Ao optar pela utilização de outras linguagens com maior ou menor intensidade, cada jornal vai definir seu estilo particular. Um deles será o mais econômico possível, enquadrando apenas o rosto do jornalista. Somente o movimento do rosto, o olhar e a voz vão contribuir para acompanhar a língua do texto. O enquadramento apertado, ao excluir os braços neutraliza a gestualidade das mãos. Um outro jornal mostrará o apresentador da meteorologia de pé em frente a um planisfério. Não somente o corpo inteiro, mas também a imagem vão participar da comunicação. O texto escrito assumido pela voz se mistura a outras linguagens que também acompanham a língua oral.

Quando o dizer se dá no rádio, todas as linguagens visuais que podem ser utilizadas na televisão desaparecem. Nem o gesto, nem o olhar acompanham o texto. Isto quer dizer que ficamos reduzidos ao linguístico, como ocorre na comunicação escrita? Não, pois podemos distinguir como o faz Anne Ubersfeld (1978, p. 30), os signos linguísticos dos signos acústicos. Com suas inflexões, suas pausas, seu timbre, seus suspiros, sua musicalidade, a voz, às vezes acompanhada de sonoplastia, atrai outras linguagens junto ao texto linguístico, produzindo uma obra nova.

Em certas ocasiões, essas linguagens sonoras podem ser neutralizadas. É o caso na leitura *recto-tono*, outrora realizada em seminários e conventos. O texto era dito na mesma altura, sem nenhuma inflexão da voz, nem ao longo da frase, nem no final. As pausas eram as únicas marcas sintáticas. Desse modo toda a carga afetiva era neutralizada e a máxima redução da participação do corpo deixava amplo espaço para o código verbal.[2] Esse pode ser considerado o grau zero de uma "leitura em voz alta" que neutraliza ao máximo a intervenção de códigos corporais. Não seria exatamente essa a intenção dos pedagogos desconfiados da ênfase na *voz alta*, receosos de que ela seja confundida com práticas teatrais.

Assim como as estratégias de leitura variam em função do tipo de texto, os modos de transmissão vocal dependem não só da intenção das pessoas envolvidas na comunicação, mas também das propriedades do próprio texto. Um texto documental suscita mais facilmente um dizer informativo, enquanto um texto literário dá margem a um outro tipo de dizer.

Os usos escolares

Se as situações de transmissão de informações a partir de um texto escrito são mais frequentes numa classe que pratica uma pedagogia ativa, elas surgem, no entanto, em qualquer sala de aula. Duas estratégias diferentes podem ser empregadas pelo educador.

---

2. Sobre a implicação corporal na emissão da voz (cf. Michel Bernard. *L'expressivité du corps*. Paris: Delarge, 1976).

Tirar partido do cotidiano

O professor deve saber aproveitar as oportunidades que a vida da classe faz surgir, e que muitas vezes não recebem a devida atenção porque seu interesse não chega a ser percebido. O dizer do professor será, naturalmente, a referência. Ele sabe comunicar à classe um texto informativo, que pode ser um bilhete de autoria da direção da escola a ser transmitido a todos, ou uma instrução de trabalho em ciências, por exemplo.

Aquilo que outrora era chamado de *leitura magistral*, modelo para a oralização do mesmo texto para todos os alunos, hoje não pode mais aspirar ao mesmo papel, uma vez que o objetivo é agora a comunicação. Nessa última concepção, o *dizer* do professor não é mais uma norma de pronúncia e entonação, mas sim um exemplo entre outros de transmissão vocal do texto.

Quando se pede a uma criança que "leia" para a classe sua redação, essa atividade não é identificável pela tomada de conhecimento do texto, uma vez que o próprio autor já o conhece, mas sim pela comunicação aos colegas. Nessa situação ela não lê, mas, reavivando a memória, relê para dizer.

A falta de exemplares de um mesmo texto pode ser uma circunstância que, longe de justificar o uso sistemático da reprografia, legitime o dizer de uma criança para um grupo, ou para toda a classe. É verdade que dizer um texto que todos têm sob os olhos por vezes é útil. Há situações sociais nas quais o texto é recebido ao mesmo tempo pelo olho e pelo ouvido: os fiéis que na igreja seguem o texto proferido pelo padre com os olhos no missal, ou o espectador bilíngue que lê as legendas de um filme cujo diálogo é capaz de entender. Esses exemplos remetem a situações de tradução nas quais o receptor compara o texto por duas vias (visual e auditiva). No entanto, essa situação não é frequente. Se o professor pode lançar mão dela esporadicamente, ele não deve esquecer a situação comum de transmissão exclusivamente pela via auditiva, o que ocorre quando o ouvinte não possui o texto.

Seguidamente, quando se organizam atividades desse tipo, a dificuldade das crianças no dizer torna a comunicação tão fastidiosa que, diante da incompreensão das crianças ouvintes, o professor transmite o texto aos alunos através da sua própria voz, privando-os assim da situação de aprendizagem. Outras vezes, só o professor escuta o texto dito pela criança, não por razões de comunicação, mas em função de objetivos de avaliação. Isso ocorre porque essa atividade não chegou a ser trabalhada com seus objetivos próprios.

Essas dificuldades de comunicação encontradas pela criança devem ser hierarquizadas e transformadas em objetivos pedagógicos, em vez de serem evitadas ou reduzidas a uma avaliação da decifração ou do saber ler. O dizer da criança deve ser suficientemente dominado para suscitar o interesse dos colegas, que só através da escuta podem ter acesso ao sentido. Para que o aluno possa, por sua vez, viver esse papel de difusor de uma informação, é importante que exista o mesmo desafio de comunicação, ou seja, que haja uma informação nova a ser emitida. É justamente esse desafio de comunicação que pode levar as crianças a tomarem consciência da necessidade de um bom domínio do texto, para terem a capacidade de transmiti-lo. E o interesse dos ouvintes pela informação que pode suscitar neles uma escuta atenta. Raramente essas condições estão reunidas na sala de aula. Para isso é preciso escolher claramente na situação um objetivo de comunicação e não de leitura.

É uma situação de dizer que enfrenta o conferencista com o seu próprio texto, ou o político com o texto preparado por seu assessor. O êxito desse exercício pode variar muito. O orador pode não chegar a dominar as condições da comunicação oral que quer estabelecer com o público, ou porque conhece mal seu texto, ou porque a pressão afetiva exercida pela plateia é forte demais e a comunicação se torna imperfeita. Ao contrário, a apropriação do texto pode possibilitar um domínio tão grande das condições da comunicação, que a plateia pode não perceber que o texto foi escrito por outro, ou, até mesmo, supor uma produção instantânea do texto. As dificuldades encontradas pelo palestrante adulto podem nos ajudar a melhor compreender as da criança.

Quando o emissor possui uma grande habilidade, a transmissão pode ocorrer durante a leitura. Isso não quer dizer entretanto que as duas se superpõem. Nesse caso, a leitura está sempre adiantada em relação ao dizer e este não é uma simples transposição de significantes (grafemas em fonemas), mas um verdadeiro trabalho de tradução vocal que opera sobre signos linguísticos escritos organizados em enunciados. Todavia, colocar a criança em uma circunstância que, além do domínio da comunicação, exija uma atividade de leitura de um texto desconhecido, em princípio equivale a conduzi-la a uma situação de fracasso.

Criar a situação

O professor certamente deve saber aproveitar as ocasiões da vida da classe para motivar a prática do dizer. Mas ele pode fazer mais e organizar as situações que virão a provocá-lo. É o que ocorre quando, após a leitura de jornais e periódicos, se organiza na classe uma síntese na qual cada criança comunica oralmente para os colegas rubricas selecionadas da imprensa. Retomando a televisão, os alunos podem, por exemplo, elaborar um jornal a diversas vozes, ou realizar um mural a ser lido pela turma, e talvez pela escola toda. Outra possibilidade seria a documentação em gravador, em seguida difundida para a classe inteira. Neste último caso, a prática do dizer pode ser mais bem-acabada, na medida em que o equipamento possibilita a correção.

Socialização da escrita

O dizer é uma atividade importante quando o coletivo se apropria de trabalhos individuais, pois é ela que possibilita compartilhar a leitura, sempre ato pessoal. O aprendizado da escrita encontra nessa atividade sua dimensão social. Ao contrário da leitura, cunhada pela ausência do outro — o leitor fica sozinho com o livro —, o dizer impõe ao texto a presença efetiva de um outro. O dizer é atividade necessária ao surgimento da vida na sala de aula. Sem ele, as práticas da escrita — ler e escrever — permaneceriam individuais e a classe se transformaria em biblioteca silenciosa. Que interesse haveria em reunir as crianças para engajá-las apenas em atividades individuais? A circulação da escrita entre alunos ou entre eles e o professor é instaurada pelo dizer. Junto à língua oral, ele forma o cimento da comunidade escolar.

Todas as classes praticam o dizer, mas quase sempre de maneira empobrecida. Naquelas que desenvolvem a leitura silenciosa, o dizer é muitas vezes relegado à pré-escola e esquecido nas aulas de língua materna. Justificado apenas como modalidade de leitura, ele acaba se tornando um instrumento para sua avaliação. Encarado como atividade puramente escolar, não chega a ser reconhecido por suas funções comunicativas.

É preciso então justificar o dizer, não através da leitura, mas com outros argumentos, o que tentamos realizar. Urge saber identificá-lo mediante práticas sociais e escolares, sem confundi-lo com a leitura. Se é possível hoje reconhecer na comunicação televisiva o modelo do dizer informativo, é necessário outorgar na escola o papel que lhe cabe.

3.3 O dizer teatral

Descrevemos uma modalidade do dizer. Vimos como instalá-la na sala de aula e motivá-la pela transmissão de informação. Mas se pode também comunicar oralmente um texto por outras razões. Na arte teatral reconhecemos o modelo de uma outra vertente do dizer.

Quando o espectador assiste a uma terceira encenação de *Ricardo III* de Shakespeare, ele não ignora mais nada sobre as peripécias da fábula. Nenhuma das reviravoltas da ação lhe é desconhecida. Não é para ficar a par do final que ele retorna ao teatro. Por que então ouvir de novo o mesmo texto? Precisamos responder em diferentes níveis.

No capítulo sobre a semiologia do teatro, localizamos a obra teatral não no texto, mas na encenação. Perdurando através de diferentes encenações, o texto é um de seus componentes. Ao encontrar outras linguagens, ele participa da produção da obra teatral, com a qual, contudo, ele não se identifica. Duas encenações sucessivas do mesmo texto são, portanto, duas obras teatrais distintas. Se o espectador vem novamente ao teatro para ouvir o mesmo texto, é para se defrontar com uma outra obra teatral.

O mesmo ocorre com a recitação de um mesmo poema. Dois atores com o mesmo texto provocam emoções diferentes. Mais simplesmente, várias crianças, dizendo cada uma por sua vez o mesmo texto, podem despertar interesses diferentes em quem as ouve. A retomada do texto coloca em jogo outras entonações, outros gestos, outras interações com os colegas, reativando o prazer estético e provocando novas emoções.

É muito importante distinguir bem as duas situações do dizer, pois elas requerem uma prática pedagógica diferenciada. A motivação do dizer voltado para a informação é exterior à atividade em si mesma. A criança diz um texto porque as outras têm necessidade de informação para realizar sua tarefa. Na ficção, a criança diz o texto porque a classe gosta de escutá-lo; a motivação é interna à atividade. Reencontramos no dizer a distinção feita no que concerne à leitura, que também pode buscar sua motivação fora (informação) ou dentro de si mesma (ficção).

Nessa prática, o professor detém uma facilidade que não encontra no dizer voltado para a informação: para dizer um conto não se requer nenhuma motivação externa. O professor pode propor essa atividade em qualquer momento, sem que ela dependa de um determinado projeto. Quando as crianças estão cansadas, por exemplo, ele pode dizer um belo texto sem justificar sua decisão com outro argumento que não seja o prazer da escuta. Mas se pode também instalar na sala de aula o prazer de dizer e de escutar, como um ritual de início do dia. Há escolas que no final da manhã reúnem várias classes para que todos juntos cantem ou ouçam histórias.

Função estética do dizer

Além de seu papel na aprendizagem da língua, o dizer tem uma função essencial na construção da personalidade infantil, pois é através dele que a criança penetra no patrimônio literário nacional e mundial da humanidade. O uso dos contos, no entanto, foi criticado de várias maneiras: eles enganam as crianças apresentando um mundo ilusório que não corresponde à realidade, ou então eles as envolvem em um mundo imoral de violências no qual o mal é às vezes até recompensado. Atualmente, contudo, as abordagens histórica (Delarue, 1957) psicanalítica (Von Frantz, 1984) e antropológica (Soriano, 1977) estabeleceram um consenso que reconhece nos contos uma contribuição essencial no desenvolvimento do imaginário e, portanto, da personalidade da criança. Mas a ficção não se reduz aos contos, nem o dizer à sua prática. É o mundo da literatura inteira que se abre assim à prática do dizer.

Não há nenhuma razão para interromper essa atividade depois que a criança aprende a ler. É interessante observar como o prazer de contar ou de escutar estórias volta à moda nos serões e no rádio. Na realidade, essa importância atribuída ao dizer não é uma novidade; a maioria de nós encontrou ao longo da escolaridade um professor capaz de fascinar os alunos, dizendo grandes textos literários.

Um dos grandes sucessos de venda nas livrarias francesas em 1992 foi um livro que, ao abordar de frente a rejeição à leitura por parte de adolescentes, propõe ao professor captar a adesão dos alunos, dizendo textos. "E se, ao invés de exigir a leitura, o professor decidisse de repente partilhar seu próprio prazer de ler?" (Pennac, 1992, p. 33). Atraído pela voz do professor, o aluno pode experimentar o prazer do texto antes de gastar energia para lê-lo. Esse prazer *pré-sentido* é uma promessa capaz de suscitar o esforço. A pedagogia tradicional, que adia o prazer, é assim transgredida. Faz-se nascer inicialmente o gosto. Recusa-se o investimento como condição para o gozo, oferecem-se bens a crédito. "Nós mesmos enquanto o escutávamos não sentíamos vontade de entrar em religião, de tomar o hábito do saber. Tínhamos vontade de ler, ponto, é tudo..." (idem, p. 91). Escutar estórias abre o apetite da leitura.

Por que tão poucos professores tentam essa experiência? Eles não estão convencidos de sua utilidade? É importante que o professor abandone a obsessão dos exercícios e consiga assumir essa comunicação dos textos da literatura.

A dimensão lúdica

Não é difícil portanto legitimar essa atividade na classe. Para praticá-la, contudo, é preciso instaurar uma ruptura com a banalidade do cotidiano. Entrar no universo da ficção através do texto supõe em relação à vida de todos os dias um distanciamento que permita aceitar o universo do jogo (Picard, 1986).

Winnicott mostra como entre a área da realidade e a do sonho o homem precisa desenvolver uma área intermediária, que é a do jogo. Para ele dois tipos de desequilíbrio entravam o desenvolvimento da personalidade: um vem da "fraqueza do sentido da realidade" e o outro da "incapacidade de qualquer abordagem criativa da realidade" (Winnicott, 1971, p. 93). Desde o "faz de conta" infantil, o homem tem necessidade de desenvolver esse espaço de jogo, que está vinculado tanto à realidade quanto ao sonho, e no qual se enraízam a religião e a cultura.

Certas condições precisam ser preenchidas para que o jogo se efetive. Os rituais podem cumprir uma parte desse papel. O silêncio das igrejas, a obscuridade dos cinemas, o ambiente protegido dos teatros facilitam a transição a partir do barulho da cidade. As salas de leitura oferecem esse silêncio necessário ao afastamento da realidade e à entrada no mundo da ficção.

Em relação à leitura, o dizer, por sua vez, demanda um nível de jogo suplementar. Diante do texto, o leitor está sozinho; a identificação com os personagens se realiza no seu íntimo. No que tange ao locutor de estórias, essa identificação se dá diante dos outros e não diz respeito à esfera do privado, mas sim do social. Poder assumir as palavras de um personagem que exprime uma emoção exige um investimento pessoal. Saber traduzir os "hihihi..." do texto escrito em risos sonoros requer que o locutor assuma o papel do personagem diante dos outros. Quando um adolescente do sexo masculino, em busca de identificação, emite a fala de um personagem feminino, a situação pode vir a ser insuportável. O ato de entrar no jogo demanda envolver a plateia. Às vezes o constrangimento atinge o locutor, inibindo-o. Sem ousar assumir as palavras do personagem fictício, ele se recusa a dizer o texto ou acaba fazendo-o num tom constrangido, desadaptado, sentindo-se perturbado na exata medida em que não consegue jogar. Assumir um personagem diante da classe pressupõe um clima de confiança; as tentativas do jogador não podem ser ridicularizadas por companheiros que recusam a dimensão lúdica.

Cabe então ao professor a responsabilidade pelo estabelecimento de condições que permitam o jogo. Ele deve criar um ambiente diferente daquele no qual se praticam exercícios ortográficos ou debates sobre a atualidade. Ele é responsável pela atitude de escuta e de boa vontade por parte dos alunos, condição para a entrada no mundo da ficção. Tanto para o ator quanto para o aluno, esse é um momento sensível, que requer cuidados. Quando as condições são preenchidas, a recitação de um poema, o dizer uma lenda ou trechos de um romance, tornam-se momentos de prazer.

Por serem polissêmicos, o texto de ficção e o texto poético permitem múltiplas interpretações. Se a releitura pode ser fonte de novos sentidos, mais ainda podem sê-lo as sucessivas transmissões vocais do texto. O mesmo poema, dito e redito, ao contar com a contribuição da sonoridade da voz, do gesto, do olhar, pode produzir diferentes cantos sem se esgotar.

Diversos recortes

O dizer recorre a uma grande diversidade de linguagens: acústica, olhar, gesto, figurino, cenário. A fim de isolar um objetivo prioritário e construir uma progressão de caráter pedagógico, é conveniente propor aos jovens situações que destaquem uma linguagem particular, na tentativa de reduzir o número de dificuldades. Abordaremos algumas linguagens a serem trabalhadas, isolando-as ou enfatizando-as.

A voz

A voz que diz o texto certamente leva em conta a função linguística, mas também uma outra, musical. A voz do contador é quente ou dura, apta a se dobrar à diversidade dos personagens ou das emoções. O valor expressivo da matéria sonora, sua musicalidade, podem assim estar desarticulados de seu valor linguístico. Uma mesma palavra, um único pronome podem transmitir múltiplas mensagens. Para neutralizar o peso do verbal, é possível recorrer a uma língua inventada no momento, o "blábláblá". A comunicação entre os protagonistas passa então apenas pelas linguagens não linguísticas.

As situações de dicção são múltiplas: texto gritado ou cochichado, dito com a velocidade da reportagem sobre um jogo de futebol ou fragmentado em sílabas como se fosse enunciado para um estrangeiro. Receber, com olhos fechados, uma mensagem falada no ouvido, coloca em evidência a sensualidade das sonoridades. Essa sensibilização à textura da voz procura explorar melhor sua musicalidade. Neutralizando a força semântica da língua, essas situações ajudam a reconhecer a carga expressiva da matéria sonora, que o significado, evidente demais, pode ocultar. Não se trata de tarefa fácil, já que o som da voz, liberado do jugo da língua natural, encontra uma carga corporal, orgânica, cuja expressividade pode surpreender.

Uma ou várias vozes

No "teatro de *boulevard*", a estética é baseada no mimetismo e no poder dos efeitos de realidade. Cada personagem é representado por um ator o mais similar possível quanto à idade, sexo, tipo físico. Nas práticas do locutor de estórias desaparece essa exigência, pois um único ator assume sucessivamente todos os papéis, o do narrador e os dos personagens. Como o locutor não é obrigado a criar ilusão, a relação unívoca entre o ator e o personagem deixa de ser uma camisa-de-força. Da mesma maneira, várias combinações podem ser exploradas e multiplicadas. Uma mulher pode dizer as palavras emitidas por um personagem masculino. As réplicas de um mesmo personagem podem ser ditas por vários atores. A pessoa que diz pode ser distinta daquela que faz os gestos ou aquele que realiza os gestos pode ser diferente daquele que impulsiona o movimento, como nas marionetes. Assim, essas combinações podem ser experimentadas com pequenos textos narrativos ou poéticos, produzindo uma comunicação na qual a língua é apenas um dos componentes. Reconhecemos aí as práticas do jogo dramático, do qual o dizer faz parte.

O coro

É entre essas práticas que se inclui a do coro, cuja origem remonta à tragédia grega. Essa tradição sobreviveu principalmente na Europa através de coros cantados, como é o caso da música de ópera ou dos oratórios. A tradição dos coros falados é menos viva ainda que no Brasil a utilização escolar do "jogral" perdure até hoje. O coro pode dizer as palavras do narrador, mas por vezes também as de um personagem. Desse modo, a palavra individual do herói é proferida por um grupo. As palavras e os gestos do personagem podem ser desconectados, quando a fala cabe ao coro e o movimento ao protagonista. Essa proposta de dizer é um recurso ao alcance de qualquer professor, a partir do momento em que ele se dispõe a abandonar a pretensão de provocar ilusão mimética.

As situações do dizer podem ser diretas — com presença dos emissores e receptores, como no teatro — ou indiretas — mediatizadas somente pelo som, como no rádio, ou pela imagem e pelo som, como na televisão. A escola pode trabalhar essa situação utilizando um equipamento de custo relativamente baixo: um gravador e fones de ouvido. Crianças de quarta série, por exemplo, podem gravar fitas com poemas ou estórias, endereçadas aos menores.

O texto gravado constitui um objeto passível de correção e de aperfeiçoamento com sonoplastia. O ato de gravar, realizado por crianças pequenas ou diante delas, permite desvelar os segredos da fabricação da estória gravada e, em particular, das suas fontes livrescas. A fita registrada por um profissional, ao contrário, esconde os meios de sua confecção e não aguça a curiosidade em relação ao domínio da escrita. A gravação possibilita um dizer diferido, desvinculado dos códigos visuais, no qual a criança se expõe menos, pois escapa ao olhar do outro. O teatro de bonecos, ao dissociar a palavra do corpo, também pode dar ocasião ao emissor da voz de se dissimular. O palco do teatro de fantoches possibilita assim uma expressão vocal liberada do olhar do espectador.

Para gravar a estória é necessário selecioná-la, realizar anotações, supressões, acréscimos sobre o texto, fabricar etiquetas. Tal trabalho provoca assim uma exploração das três vias da escrita: ler-escrever-dizer. É importante notar que a gravação modifica radicalmente a situação de escuta marcada por uma dupla ausência, a do autor e a do contador.

O olhar

A comunicação televisiva ou teatral vai solicitar não somente a audição, mas também o olhar, o que não ocorre na comunicação no rádio, nem no teatro de bonecos. O olho e o ouvido, aliás, não têm um papel simétrico na comunicação. O ouvido é apenas órgão da recepção. O olhar é um sentido que opera tanto na recepção quanto na emissão. Caso o locutor de estórias não saiba fazer sua voz deslizar sobre o fio do próprio olhar, não chega a captar a atenção do outro e a recepção acaba prejudicada. Para acompanhar a comunicação, o olhar do emissor deve afrontar o do espectador. A fuga do olhar manifesta recusa de entrar em relação. Além disso o olhar deve estar disponível à resposta do ouvinte e entender o seu *feedback*. Um trabalho lento e paciente é necessário para aprender a olhar o outro dentro de uma confiança recíproca.

O olhar pode, enfim, ser empregado ao longo da comunicação como um instrumento para processar o texto a ser comunicado. Ou seja, ele é mobilizado pela leitura, ao mesmo tempo em que a dicção ocorre. Um texto sabido de cor facilita a situação, pois o olhar se torna livre para se consagrar à comunicação.

Do ponto de vista do espectador, o olhar tem duas funções: ele é o receptor da mensagem e também o veículo essencial do *feedback*. O espectador deve aprender a olhar o companheiro que diz um texto. Da disponibilidade desse olhar vai depender a confiança daquele que se expõe. Essa disponibilidade não é um pré-requisito, mas sim um objetivo a ser atingido, o que supõe situações específicas de aprendizagem. A descrição desses diversos papéis do olhar demonstra uma complexidade que os professores não podem ignorar.

O gesto

O corpo já manifesta sua presença na produção da voz. Mas quando os interlocutores estão em presença direta, o corpo inteiro se torna significante da linguagem, pois é um elemento controlado pelo emissor. O locutor deve aceitar que o público identifique seu corpo ao corpo do personagem. Essa identificação, apesar de ser leve, é, no entanto, real. Até o mínimo movimento pode carregar um significado. Uma professoranda que, ao dizer a estória da Gata Borralheira, se levanta na ponta do pé a cada vez que menciona os sapatos de cristal, se metamorfoseia em personagem através desse gesto simples.

Existe em cada cultura um código gestual com um pequeno conjunto de signos para chamar, ameaçar, acolher, rejeitar etc., que o locutor pode usar ou recusar. Quando o locutor segura o texto nas mãos, seus gestos vão obrigatoriamente se reduzir. Essa neutralização do gesto chega a ter uma função precisa. O professor pode mostrar que o gesto será tão mais significativo, quanto mais evitar a redundância. Ele alcançará legitimidade quando servir para eliminar ambiguidades do texto, para subvertê-lo, ou contradizê-lo.

Para aprender a dominar a linguagem gestual pode ser interessante trabalhar o que Augusto Boal (1977) chama de teatro-imagem. Trata-se de uma técnica que, ao imobilizar o movimento dos jogadores, como se faz no cinema, acaba simbolizando esse mesmo movimento por metonímia. Assim, é possível ilustrar um texto com alguns gestos-imagens, como nas estórias em quadrinhos. Com a redução do movimento, a apresentação do texto é purificada de gestos supérfluos.

Ainda imitando o cinema, a técnica da câmara lenta valoriza um gesto específico, em detrimento de outros, inúteis. Esse trabalho pode ser facilmente efetuado quando aqueles que produzem os gestos são distintos do narrador, que guarda o texto nas mãos. Além disso, o mesmo gesto de um personagem reproduzido concomitante ou sucessivamente por vários jogadores, pode adquirir força capaz de fazer nascer a emoção.

O objeto

O gesto pode se apoiar sobre um objeto de uso corrente — bastão, lenço, chapéu, sapato, cadeira — que, através do jogo, vai assumir significados diversos ao longo do desenvolvimento do texto. O fato de impor a um grupo a escolha de um único objeto simples como significante constitui uma restrição frutífera. Um lenço se transforma em sacola, vela de navio ou mortalha, para ilustrar o texto. Não há necessidade de recorrer a figurinos: o simples uso de um cinto ou de uma echarpe tem a vantagem de evidenciar a linguagem dos objetos, ao passo que o recurso a meios miméticos promove a ilusão e dissimula a convenção.

O espaço

Todos os códigos, enfim, se inscrevem no espaço, que é um importante elemento constitutivo da arte teatral. A passagem do texto pela voz é também uma colocação no espaço. Mediante sua proferição, o texto, inscrito em duas dimensões, adquire uma terceira. O volume sonoro pode preencher o espaço, saturá-lo ou simplesmente fazê-lo vibrar com discreção. "Ele tinha uma voz sonora e luminosa, um pouco aveludada, que preenchia perfeitamente o volume das salas, como teria preenchido um anfiteatro, um teatro, o Campo de Marte, sem que nunca uma palavra fosse pronunciada sobre a outra. Instintivamente ele conhecia as medidas do espaço e de nossos cérebros. Ele era a caixa de ressonância natural de todos os livros, a encarnação do texto, o livro feito homem. Através de sua voz, nós descobríamos de repente que tudo aquilo havia sido escrito para nós" (Pennac, 1992, p. 89).

Poder-se-á também variar os espaços do dizer para trabalhar esse dado da comunicação. O espaço em si mesmo é o significante do lugar fictício. A escolha dos limites de um tapete ou de um gramado acarreta implicações no desenvolvimento do jogo. Um mesmo texto dito em cima de uma escada, atrás de uma porta ou no fundo de um corredor, adquire diferentes conotações. Ao impor sua especificidade, o significante espacial pode reforçar evidências ou ativar conotações do texto. Os alunos aprendem a tirar partido da configuração espacial para, dentro dela, selecionar os elementos que podem ser transformados em signos.

Da língua às linguagens

Ao longo deste capítulo falamos do dizer, do jogo dramático e do teatro, como se fossem sinônimos; necessário se faz precisar essas noções.

O modelo do dizer, já o dissemos, deve ser buscado no teatro. Então, por que a necessidade de definir uma atividade específica? Porque nosso tema é o texto e queremos acompanhar todas as transformações que sofre quando passa pela voz.

Praticar o dizer é saber avaliar o peso de cada uma das linguagens que se pretende misturar à língua. Pode-se optar entre dois limites extremos. Já falamos sobre a representação sem texto. Essa é a opção que atribui um peso máximo às linguagens teatrais e um peso mínimo ao texto, uma vez que ele não existe. Nesse caso, portanto, não cabe utilizar o termo dizer. De modo oposto, é possível neutralizar ao máximo a participação das outras linguagens: recusar a gestualidade, reduzir a importância do olhar ou do espaço. Mas se pode ir ainda mais longe e demolir a entonação, como o faziam os monges na leitura *recto-tono*, tentativa de neutralização máxima da intervenção do corpo, de sua expressividade e portanto de sua sensualidade.

Em função de seus gostos, de sua formação e de seus objetivos, o professor pode propor situações nas quais o dizer irá atribuir primazia ao texto, acrescentando parcimoniosamente outras linguagens, ou, ao contrário, praticar um dizer que tornará o texto mais permeável à intervenção das linguagens teatrais. As possibilidades são múltiplas. Nada impede que todas elas sejam exploradas. Inversamente, nada obriga que todas sejam experimentadas quando pelo menos uma delas é praticada.

Do dizer à língua oral

O dizer pode igualmente evoluir sobre um segundo eixo. O ator que diz um poema, o faz sem omitir nem modificar nenhuma palavra, devotando fidelidade total ao texto. Quase sempre é assim que se interpretam as grandes obras do teatro. Quando a encenação recorre a uma tradução, a fidelidade literal não é mais possível. Pode-se mesmo dizer que para traduzir é preciso trair a letra para permanecer fiel ao espírito. Na tradução, a noção de fidelidade é de outra ordem. O que fazer quando o texto é escrito em língua antiga? Para que não seja traído, muitas vezes são necessárias transposições, dado que a estranheza da língua do passado acrescenta um sentido que ele não tinha.

Assim, se em certas ocasiões o texto pode ser transposto, ele também pode ser enriquecido com elementos que provêm da situação. O contador de estórias sabe rechear seu enredo com contribuições que nascem de intervenções do espectador. O enredo, nesse caso, equivale a uma arquitetura montada com expressões preestabelecidas que deixa espaços livres para uma língua oral surgida no momento.

Essa é a diferença que existe entre o *dizer* e o *contar*. No primeiro, que inclui a recitação, a fidelidade ao texto constituído apenas pela língua escrita é total; no segundo, o texto é reconstituído através de contribuições da língua oral. Bettelheim (1978) diz que é preciso saber contar e não dizer, já que a ligação assim criada com a criança é mais forte. Mas por que reduzir desse modo as práticas? Não seria interessante empregá-las todas?

O ato de contar dá maior margem à espontaneidade, uma vez que libera as mãos do livro, o olhar da leitura e as palavras do texto preestabelecido. Ao contrário, quando um adulto diz uma passagem para a criança mantendo o livro entre as mãos, está explicitando a origem livresca do texto, seu tratamento pela voz e seus modos de interpretação. Testemunhar atos de leitura é requisito para que a criança conheça a riqueza da função do livro e se torne leitor.

As atividades sonoras realizadas a partir de um texto literário — e elas são numerosas — não podem mais ser confundidas com a leitura. Elas transmitem o texto para os outros. Como requerem, além da língua, a contribuição de outras linguagens, elas acabam operando uma tradução do texto. Mediante o jogo, as atividades sonoras realizam a metamorfose do locutor de estórias, que assume na frente do público as palavras dos personagens. O dizer se torna o esboço de uma modalidade de representação que os profissionais de teatro chamam "leitura dramática". O professor deve saber reconhecer a especificidade e a dificuldade desse jogo com o texto, a fim de proporcionar à criança instrumentos para praticá-lo.

Conclusão

Ao longo deste livro, elaboramos progressivamente um conceito, o *dizer*, que hoje nos parece necessário à prática pedagógica da escrita. O fato de que não tenha sido formulado anteriormente se explica com facilidade pela história da escrita. À medida que os instrumentos se modificam, as funções da escrita evoluem, desencadeiam outras práticas, forjam outros conceitos.

Nem mesmo a escrita alfabética nasceu apenas para duplicar o oral. Seu papel não se reduz a uma função de substituição quando a distância no tempo ou no espaço torna impossível o uso da língua oral. A escrita é uma linguagem que permite operações intelectuais que o oral não pode realizar. Escrita e oral têm portanto funções diferentes que correm o risco de se embaralhar quando se reconhece na invenção alfabética apenas a vantagem de tornar possível a duplicação do oral. A invenção do alfabeto dotou o código da escrita de uma segunda articulação, e, através desta, de uma eficácia que ela não possuía com a escrita ideográfica, que recorria a um considerável número de signos. Como o oral, a escrita diz tudo com três dezenas de signos. Como o oral, ela é uma linguagem dotada de autonomia.

A escrita possibilita, portanto, duas abordagens. A primeira enfatiza o trânsito pela voz, transferindo as operações semânticas para o significante vocal; nela, a escrita se reduz à transposição de um código em outro. A segunda salienta a construção de uma linguagem autônoma, o sistema gráfico, que permite acesso direto ao sentido. O sistema alfabético, marco da abertura desses dois caminhos, indireto ou direto, isto é, com ou sem transposição, não nos obriga a seguir sistematicamente apenas um deles. A descrição de um código, sua aprendizagem e seu uso não são necessariamente isomorfos, ou seja, podem seguir caminhos diferentes. De fato, a relação entre o texto lido e o texto dito não pode ser reduzida a uma transposição entre códigos.

É possível reconhecer ao longo do tempo a permanência das práticas vocais do texto, muitas das quais foram rotuladas pela tradição escolar como "leitura em voz alta". Enquanto o modelo de leitura foi identificado com a proferição oral do texto, esse conceito manteve sua pertinência. Contudo, assim que progressivamente se destacou e depois se impôs um segundo modelo, agora silencioso, de leitura, e assim que esta passou a ser definida não mais pela emissão sonora, mas pela compreensão, a "leitura em voz alta" perdeu sua identidade. É contraditório definir o ato de ler como um ato silencioso e falar de "leitura em voz alta". Nesse caso o verbo ler se torna polissêmico. Os pedagogos que ensinam as diferenças sutis da metalinguagem gramatical utilizam o mesmo verbo *ler* para falar de atividades distintas. Os pesquisadores que recorrem a uma linguagem sofisticada para descrever seus protocolos de pesquisa, não se saem melhor nesse domínio. Não se pode definir a leitura através da compreensão e continuar a falar em "leitura em voz alta". Nesta última, o receptor, aquele que passa pelo processo de compreensão, é o ouvinte; aquele que emite, é o locutor. Este, naturalmente, deve compreender, mas o entendimento não provém necessariamente de uma leitura. O texto pode ser decorado a partir da transmissão vocal feita por outro, por exemplo. O ato de proferir o texto não se justifica pelas transposições possibilitadas pelo código alfabético, mas sim pelas funções de comunicação que esse ato permite.

Ao longo da história antiga ou moderna da escrita e através da história da arte teatral, aparecem elementos que permitem uma outra conceituação. Podemos então distinguir duas práticas do texto. Uma é silenciosa e individual e tem como objetivo a elaboração de um sentido. Nós a chamamos *leitura*. A outra é uma prática vocal e social do texto, cujo objetivo é a comunicação. Nós a chamamos *dizer*.

A pedagogia exige essa conceituação. Com efeito, se o dizer não é identificado com precisão, ele corre o risco de substituir a leitura. A experiência de classe mostra claramente: sempre que a "leitura em voz alta" é identificada à leitura, ela usurpa o papel desta última, fazendo desaparecer a atividade de leitura como construção de sentido. A utilização de uma terminologia ambígua leva a escola a esquecer de colocar as crianças em situações de interpretação de texto.

Já que a palavra *ler* concerne muitas atividades, cada professor propõe algumas que ele pode designar por esse termo, sem chegar a perceber aquela que está ausente. É o que ocorre frequentemente na América Latina, onde os professores, privados de livros, só têm situações de produção de textos para propor às crianças. Eles chamam então de leitura o *dizer* proferido pela criança a partir de seu próprio texto, situação que requer poucas operações cognitivas de elucidação de sentido, já que esse texto foi elaborado por ela mesma. A aprendizagem da leitura acaba então confiada prioritariamente à produção de textos.

Ora, não se pode aprender uma coisa apenas fazendo outra, e isso por várias razões:

1. A aprendizagem precisa ser finalizada, ou seja, a pessoa que a deseja deve conhecer sua função e poder avaliar seu interesse. Ela deve também poder medir seu custo em tempo e energia. É a relação entre custo e benefício que determina o compromisso do aprendiz. Como finalizar uma aprendizagem evitando a atividade?

2. As operações cognitivas que constituem uma atividade podem ser transferidas para outra. No entanto, somente o exercício da própria atividade garante a presença de todas as operações cognitivas necessárias ao seu domínio.

3. Só a própria atividade possibilita a integração das operações cognitivas parciais aprendidas separadamente e transferidas a partir de atividades paralelas.

Assim, se é possível identificar três atividades na escrita, é necessário praticá-las todas, para que cada uma delas seja dominada.

Identificar o *dizer* é traçar os limites do ato de ler. Este poderá então se voltar apenas para a atividade do silêncio, pois a leitura não pode operar sem um mínimo de concentração e meditação. Apesar de se efetuar a partir de um objeto social, a língua, ela é uma atividade pessoal que se dilui com a intervenção do outro. É preciso então instalar na escola um ambiente que a torne possível: um lugar longe do barulho, um momento separado da agitação, uma escolha suficiente de livros. A escola é um espaço de vida em grupo. Não é natural para ela organizar lugares e momentos de silêncio para que a leitura possa ocorrer individualmente. O encontro da criança com o texto pode se ver prejudicado tanto pelo professor que intervém de modo inoportuno, quanto por aquele que, ao se sentir embaraçado pela sua singularidade, o evita.

Sozinho diante do livro, o leitor escolhe a estratégia correspondente ao seu desejo ou à sua necessidade: sobrevoar as páginas para ir diretamente à informação que procura, ou deixar seu olhar vagar sobre uma escritura que o sensibiliza, voltando atrás ou saltando trechos, para chegar ao final do texto a seu modo.

No entanto, permitir o reconhecimento das fronteiras da leitura não é a única virtude da identificação do *dizer*. Este deve ser desenvolvido por suas qualidades próprias pois é a ocasião do primeiro confronto da criança com a escrita. Em muitos casos o encontro se produz através das estórias que os pais ou avós dizem às crianças. Nas famílias que têm bibliotecas, o texto é diretamente extraído do livro. Religiosos ou profanos, esses textos, ao alimentarem o imaginário da criança, vão configurar a fonte das referências morais e psicológicas que lhe permitirão construir seu universo mental e sua personalidade. Nas famílias que não possuem livros, as estórias são contadas de memória, sendo assim mescladas ao oral. Mas frequentemente é a televisão que substitui os pais quando eles não possuem os meios ou o gosto de contar. Para quem não sabe ler — adulto não alfabetizado ou criança não escolarizada — a voz do outro é o único canal de acesso possível ao tesouro de textos da humanidade. Mais tarde o domínio da leitura proporciona autonomia de acesso a esse patrimônio.

A leitura não pode, portanto, substituir a recepção do dizer, pois a perda seria grande demais. Ela deve se acrescentar a ele. O prazer do conto, como se sabe, não é apenas um prazer de analfabetos. O leitor gosta também de seguir narrativas contadas no rádio, na televisão ou no teatro. Felizmente as estórias voltam à moda nos serões contemporâneos.

O interesse em ouvir supõe que se atribua ao *dizer* uma função comunicativa que requer não só a língua, mas também a *contribuição de outras linguagens*. O texto escrito se torna um novo texto, multicodificado. A música da voz, a penetração do olhar, a força do gesto criam a partir do texto escrito uma nova obra. A presença de um novo emissor fez esquecer a ausência do autor. O *dizer* socializa o texto escrito e não pode ser reduzido nem a um meio de atingir o sentido, nem a uma avaliação da leitura. É necessário cultivar essa atividade, sem esquecer a sua função principal que é a comunicação. Para isso, a criança que *diz* um texto deve cumprir o papel de emissor e saber ser escutado pelo ouvinte. O *dizer* participa assim da comunicação entre alunos ou entre professor e alunos. Praticar o *dizer* permite socializar a escrita de maneira mais imediata e mais exequível do que através de publicações.

Para que isso ocorra é imprescindível que se possa identificar as dificuldades do dizer e não confundi-las com as da leitura. A criança introvertida pode ser um grande leitor e ser incapaz de comunicar o texto pela voz. Ao contrário, um mau leitor pode ser um bom transmissor de estórias. O professor deve saber propor às crianças ajuda adequada através de situações pertinentes.

Além da comunicação da informação de um texto pela voz, o *dizer* pode cumprir um outro papel. É preciso acrescentar que ele pode ser também uma prática artística. A arte extrai elementos da realidade, molda-os à sua maneira, dá-lhes forma, atribuindo sentido ao mundo. A literatura assim procede com a língua escrita; ao criar uma ficção, introduz a dimensão lúdica. O desenvolvimento da personalidade não pode ocorrer sem o exercício dessa função lúdica compreendida nas artes.

O *dizer* não é apenas a duplicação vocal do texto escrito; conforme verificamos, ele requer a contribuição de outras linguagens. No caso do *dizer teatral*, através da presença de uma voz — manifestação da corporeidade — instaura-se um *jogo* que metamorfoseia a pessoa em personagem. Em germe, os elementos constitutivos do teatro nele estão presentes. Entre literatura e teatro, o *dizer* atravessou a fronteira. Assim, através dele, o texto literário é desconstruído para participar de uma nova realidade, esboço da representação teatral. O fato de partir de uma obra preexistente constitui a especificidade dessa prática. Não há necessidade de grandes recursos nem da profissionalização adquirida na formação do ator para tentar dar voz aos textos. A riqueza dos recursos acaba muitas vezes matando o trabalho simbólico. O despojamento do jogo de faz de conta da criança é o suporte sobre o qual se pode desenvolver um trabalho desse tipo. A sofisticação material do brinquedo nunca foi critério de riqueza educativa. Inúmeras mães sabem, com simplicidade, dizer estórias a seus filhos. A emoção pode se fazer tão presente em um texto simples e habilmente *dito*, quanto em um *sketch* que recorre a todos os artifícios dos bastidores. De toda maneira, é necessário, ao contrário da prática solitária da leitura, compartilhar o texto com os outros.

Existiria algum risco de ver essas práticas desativarem na criança a necessidade de leitura? Sem dúvida. As relações entre a escrita e o oral vão muito além dos problemas de aprendizagem. Com efeito, se o domínio da leitura oferece ao homem uma considerável autonomia para construir seu saber e sua personalidade, ele exige, ao mesmo tempo, que a ausência do outro seja assumida. Essa autonomia não pode ser conquistada sem frustrações. Nas situações de leitura, a criança deverá abandonar o conforto, a proteção e o calor que são garantidos pela presença da mãe através do *dizer*.

Assim como na aprendizagem da fala a criança deve deixar o seio da mãe para permitir à boca emitir sons, para praticar a leitura o homem deve sofrer um segundo desmame e aceitar uma ausência. Um povo que passa da comunicação oral à comunicação escrita modifica profundamente sua maneira de ser no mundo. Há algo de violento na conquista da escrita por uma população.

O grande desafio consiste em utilizar a atração de um meio não para nele encerrar a criança, mas, ao contrário, para sensibilizá-la e treiná-la ao uso de outros. O *dizer* pode não fazer concorrência à leitura, mas facilitá-la. Oferecendo o prazer das estórias, ele pode fazer nascer o desejo de conquistar a chave da ficção. As dificuldades da aprendizagem da leitura são melhor superadas quando já se sentiu o prazer do mundo imaginário, através da audição.

A leitura, que impõe a ausência do outro, possibilita ao homem ganhar autonomia. O *dizer*, perpassado de teatralidade, interpõe o corpo do outro e o ajuda a não perder o convívio.

Bibliografia

ADAM, Jean Michel. *Éléments de linguistique textuelle*. Liège: Mardaga, 1990.

APPRENDRE À LIRE ET À ÉCRIRE: Dix ans de recherche sur la lecture et la production de textes. *Revue Française de Pedagogie*, Paris: INRP, 1989.

BAJARD, Élie (Coord.). *Le jeu dramatique à l'école maternelle et élémentaire*. Reims: CRDP, 1988.

BARBOSA, José Juvêncio. *Alfabetização e leitura*. São Paulo: Cortez, 1990.

BARTHES, Roland. *Le plaisir du texte*. Paris: Seuil, 1973.

BEAUME, Edmond. *La lecture*: préalables à sa pédagogie. Paris: AFL, 1986.

BERNARD, Michel. *L'expressivité du corps*. Paris: Delarge, 1976.

BERTIN, Jacques. *La graphique et le traitement graphique de l'information*. Paris: Flammarion, 1977.

BETTELHEIM, Bruno. *A psicanálise dos contos de fadas*. Rio de Janeiro: Paz e Terra, 1978.

BOAL, Augusto. *200 exercícios e jogos para o ator e o não-ator com vontade de dizer algo através do teatro*. Rio de Janeiro: Civilização Brasileira, 1977.

BOTREL, Jean François. Les aveugles colporteurs d'imprinés en Espagne. In: _____. *Mélanges de la casa de Velasquez*. Paris: De Boccard, 1974. t. X, p. 233-271.

CAILLOIS, Roger. *Les jeux et les hommes*: le masque et le vertige. Paris: Gallimard, 1967.

CHARMEUX, Eveline. *Apprendre à lire*: échecá l'échec. Paris: Milan, 1987.

CHARTIER, Anne Marie; HEBRARD, Jean. *Discours sur la lecture (1880-1980)*. Paris: Centre Georges Pompidou, 1989.

CHARTIER, Roger. *Lectures et lecteurs dans la France d'Ancien Régime*. Paris: Seuil, 1987.

CHAUVEAU, Gérard (Org.). *L'enfant apprenti lecteur. Entrée dans le système de l'écrit*. Paris: L'Harmattan, 1993.

COELHO, Nelly Novaes. *A literatura infantil*. 5. ed. São Paulo: Ática, 1991.

COOK-GUMPREZ, J. *A construção social da alfabetização*. Porto Alegre: Artes Médicas, 1991.

DELARUE, Paul. *Le conte populaire français*. T. I. Paris: Erasme, 1957.

DORT, Bernard. *Théâtres, essais*. Paris: Seuil, 1986.

DUBORGEL, Bruno. *Imaginaire et pédagogie*. Paris: Le Sourire qui Mord-Gallimard, 1983.

FERREIRO, Emilia; TEBEROSKY, Ana. *Psicogênese da língua escrita*. Porto Alegre: Artes Médicas, 1985.

FIJALKOW, Jacques. *Mauvais lecteur*: pourquoi? Paris: PUF, 1986.

FOUCAMBERT, Jean. *A leitura em questão*. Porto Alegre: Artes Médicas, 1993.

FRANTZ, Marie Louise von. *A interpretação dos contos de fada*. São Paulo: Paulinas, 1990.

FREINET, Celestin. *Méthode naturelle de lecture.* Cannes: CEL, 1961.

FREIRE, Paulo. *A importância do ato de ler.* São Paulo: Cortez, 1991.

FURET, François; OZOUF, Jacques. *Lire et écrire*: l'alphabétisation des Français de Calvin à Jules Ferry. Paris: Minuit, 1977. v. 2.

GIASSON, Jocelyne. *A compreensão na leitura.* Lisboa: ASA, 2000.

GOODY, Jack. *La raison graphique.* Paris: Minuit, 1979.

HAGEGE, Claude. *L'homme de parole.* Paris: Fayard, 1985.

HUIZINGA, J. *Homo ludens.* São Paulo: Perspectiva, 1971.

JEAN, Georges. *L'écriture, mémoire des hommes.* Paris: Gallimard, 1987.

JOLIBERT, Josette. *Formando crianças produtoras de textos.* Porto Alegre: Artes Médicas, 1994.

KLEIMAN, Angela. *Oficina de leitura*: teoria e prática. Campinas: Pontes, 1993.

KOCH VILAÇA, Ingedore. *A coesão textual.* São Paulo: Contexto, 1992.

LAJOLO, Marisa. *Do mundo da leitura para a leitura do mundo.* São Paulo: Ática, 1993.

LALLIAS, Jean Claude; CABET, Jean Louis. *Les pratiques théâtrales à l'école.* Paris: CDDP Seine/St. Denis, 1985.

LOBROT, Michel. *Lire.* Paris: ESF, 1973.

MANNONI, Octave. *Clefs pour l'imaginaire ou l'autre scène.* Paris: Seuil, 1969.

McLUHAN, Marshall. *A galáxia de Gutenberg.* São Paulo: Nacional, 1972.

METZ, Christian. *Essais sémiotiques.* Paris: Klincksieck, 1977.

MEYER, Marlyse. *Autores de cordel.* São Paulo: Abril Educação, 1980.

MINISTÈRE DE L'ÉDUCATION NATIONALE ET DE LA CULTURE. *La maîtrise de la langue à l'école*, Paris: CNDP, 1992.

MONOD, Richard. *Jeu dramatique et pédagogie.* Paris: Edilig, 1983.

PENNAC, Daniel. *Como um romance.* Rio de Janeiro: Rocco, 1997.

PIAGET, Jean. *La formation du symbole chez l'enfant*: imitation, jeu et rêve. Neuchâtel: Delachaux et Niestlé, 1945.

PICARD, Michel. *La lecture comme jeu.* Paris: Minuit, 1986.

PUPO, Maria Lúcia de S. B. *No reino da desigualdade.* São Paulo: Perspectiva, 1991.

PYNTE, Joël. *Lire, identifier, comprendre.* Lille: P. U. de Lille, 1983.

RICHAUDEAU, François. *La lisibilité.* Paris: Retz, 1969.

RIEBEN, Laurence; PERFETTI, Charles. *L'apprenti lecteur*: recherches empiriques et implications pédagogiques. Neuchâtel: Delachaux et Niestlé, 1989.

ROUBINE, Jean Jacques. *Théâtre et mise en scène.* Paris: PUF, 1980.

RYNGAERT, Jean Pierre. *O jogo dramático no meio escolar.* Coimbra: Centelha, 1981.

SAUSSURE, Ferdinand. *Curso de linguística geral.* São Paulo: Cultrix, 1969.

SILVA, Ezechiel Theodoro da. *O ato de ler.* São Paulo: Cortez, 1981.

SMITH, Franck. *Compreendendo a leitura*: uma análise psicolinguística da leitura e do aprender a ler. Porto Alegre: Artes Médicas, 1989.

SORIANO, Marc. *Les contes de Perrault, culture savante et traditions populaires.* Paris: Gallimard, 1977.

TEBEROSKY, Ana; CARDOSO, Beatriz. *Reflexões sobre o ensino da leitura e da escrita.* São Paulo: Unicamp, 1989.

UBERSFELD, Anne. *Lire le théâtre.* Paris: Ed. Sociales, 1978.

_____. *L'école du spectateur*: lire le théâtre 2. Paris: Ed. Sociales, 1981.

VANOYE, F.; MOUCHON, J.; SARRAZAC, J. P. *Pratiques de l'oral.* Paris: Colin, 1981.

VYGOTSKY, L. S. *Pensamento e linguagem.* São Paulo: Martins Fontes, 1991.

WINNICOTT, D. W. *Jeu et réalité*: l'espace potentiel. Paris: Gallimard, 1971.

YUNES, Eliana; PONDE, Glória. *Leitura e leituras da literatura infantil.* Rio de Janeiro: FTD, 1989.

ZUMTHOR, Paul. *A letra e a voz.* São Paulo: Companhia das Letras, 1993.

GRÁFICA PAYM
Tel. (11) 4392-3344
paym@terra.com.br